国家标准
中国手语
日常会话速成
修订版

杜银玲 主编

电子工业出版社
Publishing House of Electronics Industry
北京·BEIJING

未经许可,不得以任何方式复制或抄袭本书之部分或全部内容。
版权所有,侵权必究。

图书在版编目(CIP)数据

国家标准:中国手语日常会话速成/杜银玲主编. — 修订版.
— 北京:电子工业出版社,2023.9
ISBN 978-7-121-46319-8

Ⅰ.①国… Ⅱ.①杜… Ⅲ.①手势语 – 中国 Ⅳ.①H126.3

中国国家版本馆CIP数据核字(2023)第172117号

逗号张文化创意
13910136213
全案策划

责任编辑:	于兰		
印　　刷:	天津图文方嘉印刷有限公司		
装　　订:	天津图文方嘉印刷有限公司		
出版发行:	电子工业出版社		
	北京市海淀区万寿路173信箱	邮编:100036	
开　　本:	880×1230　1/32	印张:11.75	字数:413.6千字
版　　次:	2016年5月第1版		
	2023年9月第2版		
印　　次:	2023年9月第1次印刷		
定　　价:	88.00元		

凡所购买电子工业出版社图书有缺损问题,请向购买书店调换。若书店售缺,请与本社发行部联系,联系及邮购电话:(010)88254888,88258888。
质量投诉请发邮件至zlts@phei.com.cn,盗版侵权举报请发邮件到dbqq@phei.com.cn。
本书咨询联系方式:QQ1069038421。

前言

在我国，有两千多万聋人，他们听不到优美的音乐，只能安静地守护着自己的蓝天，品味着自己与众不同的人生。在我们看来，他们天生比别人多了一份遗憾，多了一份不便；但他们并非无言，他们一直在用特有的方式——手语彼此沟通着。他们不断地比画着，只是希望别人也能明白。当得到他人回应时，他们便会展露出会心的微笑。

你是否对他们的无声世界充满好奇？在路上遇到问路的他们，你会不会因无法理解手语不能与其沟通而感到尴尬？当他们遇到困难时，你会不会因想伸出援助之手又不知如何去做而感到苦恼？你是不是渴望一次心与心纯粹的告白？那就一起来学手语吧！

学习手语，不仅方便了与聋人朋友的交流，而且，在一些嘈杂的公共场所或特殊环境中，正常人用手语沟通可能比说话还要方便。平时与亲朋好友交流时，也可以试着用手语，这一无声的语言有可能会让你们交流起来更顺畅、更有意思！另外，让孩子学习手语，也可以提高其表演和创造的能力。

本书是对《中国手语日常会话速成》一书的全面修订，以2018年3月发布的国家语言文字规范《国家通用手语常用词表》为标准。需要说明的是，通用手语与地方手语是共存的。表达同一事物、概念的手语词汇，存在地域差异或多种打法，本次修订将其以并列方式呈现，文中以"或"标注的是国家规范打法之外的常见打法，读者朋友可以根据实际需要选择学习。

我们特别邀请著名的手语专家杜银玲老师编写了这本手语普及读物。全书按照日常生活的内容分为10个部分共30个场景，为方便大家学习，每个场景都配有视频，扫二维码即可观看。建议在Wi-Fi环境下使用，"流量土豪"请随意。

国家标准

中国手语日常会话速成

修订版

目录

012/ 手语手势动作图解符号说明
014/ 汉语手指字母方案
018/ 常见地名及国家（地区）手语速查
036/ 常见节日手语速查

045/ 见面问候

046/ 初次见面

046/ 你好。（你们、大家、女士、先生、同志）

048/ 你叫什么名字？（张、王、李、赵、陈、杨、刘、朱、黄、吴）

051/ 我叫周明，很高兴认识你。（知道、听说、陌生）

053/ 孩子多大了？

053/ 五岁。（零、一、二、三、四、六、七、八、九、十、百、千、万、亿）

055/ 我刚毕业，正（现在）找工作。

057/ 以后常联系。（见面）

058/ 关心问候

058/ 最近过得好吗？（以前、现在）

059/ 一切都顺利吧？

060/ 请代我向他们问好。

062/ 早晚温差大，注意保暖。

064/ 照顾好自己。（爱护）

065/ 不舍的告别

065/ 玩得很开心。（满意）

066/ 谢谢你的关心。（安慰、理解）

068/ 该走了。（出发）

068/ 有空常来。

069/ 时间过得真快。（慢）

070/ 友谊天长地久。

073/ 表达情感和需求

074/ 表扬鼓励

074/ 这都是你的功劳。（荣誉、回报）

076/ 你爱人真贤惠。（人民、群众、宝宝、可爱、漂亮、勤劳、勇敢、善良）

078/ 加油，你一定能成功！（失败、挫折）

081/ 今天表现很出色。（辛苦、麻烦）

083/ 你真棒！（聪明、谦虚）

084/ 表达歉意

084/ 抱歉，我没有遵守约定。

085/ 别太担心了。（添麻烦、开玩笑）

087/ 没关系，不要放在心上。

088/ 很遗憾，不能准时赴约。

090/ 让你失望了，对不起。（委屈）

092/ 请求帮助

092/ 能帮我一个忙吗？（劳驾）

094/ 很乐意为您效劳。

094/ 我分不清方向了，帮我看一下地图。

097/ 帮我拿一件行李好吗？

098/ 自行车坏了，帮我修修。（摩托车、电动车、手表）

099/ 请把光盘递给我。（U盘）

101/ 感谢与祝福

101/ 祝你们健康长寿。

102/ 祝你一路顺风！（进步、幸福、发财）

104/ 新年快乐。

104/ 祝宝宝茁壮成长！（父母）

106/ 感谢参加我们的婚礼。（受累）

109/ 谈天说地

110/ 谈论天气

110/ 明天天气怎么样？（昨天、今天、晚上、上午、中午、下午）

113/ 天气很热，多喝水。（冷、暖和、干燥、潮湿）

116/ 零下3摄氏度，有雪。（晴、阴、多云、雨、雾、风、雷电、冰雹）

120/ 晚上有流星雨。（天、地、太阳、月亮、草原、沙漠）

123/ 气温回升。（下降、变化、高、低）

125/ 出门记得带雨伞。（钥匙、手机）

126/ 关窗户。（打开）

128/ 兴趣娱乐

128/ 你最喜欢做什么？（兴趣）

129/ 我特别喜欢画画。(唱歌、跳舞、弹琴、摄影、看书)

131/ 我报了围棋班。(象棋、报纸、玩游戏)

133/ 你知道的动物有哪些?(猫、兔、狗、鸡、马、牛、羊、老虎、猴子)

136/ 喜欢听歌吗?(爬山、钓鱼、看电影、打网球、旅行、烹饪)

139/ 谈论健康

139/ 你脸色不太好。(憔悴)

140/ 可能是累了。

141/ 你怎么经常咳嗽?(喉咙痛、浑身无力)

143/ 多吃点有营养的东西。(蛋白质、脂肪)

145/ 注意多休息。(运动)

146/ 坚持做体检。(化验、心理咨询)

148/ 希望你快点好起来。

149/ 评价人物

149/ 那个人的性格怎么样?(高傲、急躁、马虎)

152/ 内向。(外向、冷淡、智慧)

153/ 我很喜欢你的性格。(为人、价值观)

156/ 你的优点是什么?(缺点)

158/ 我喜欢和人交朋友。(警察、律师、总统、总理、书记、秘书、状元)

163/ 聚会用餐

164/ 邀请朋友来做客

164/ 周末有时间聚一聚吧。

165/ 谢谢您的邀请,早就想去拜访了。

166/ 这是一个小礼物,请收下。

168/ 实在不敢当,您真是太客气了。

169/ 谢谢您的款待。

170/ 有空来我家玩吧。

171/ 相约吃饭

171/ 肚子有点饿,找个地方吃点东西吧。

173/ 吃快餐吗?(油条、点心、饮料、啤酒、包子)

176/ 去川菜馆。

176/ 今天我请客。(AA制)

178/ 餐馆点菜

178/ 请点菜。

179/ 有什么特色菜?

180/ 我要一个汉堡,一份水果。

181/ 给我一份烤肉,不要太辣。

183/ 我想要清淡点的,能否推荐一下?

185/ 感觉口渴了。(饿、饱、米饭、炒菜)

186/ 再添一双筷子。(勺子、杯子、碗、餐巾)

189/ 请帮我打车。

191/ 日常生活

192/ 饮食起居

- 192/ 穿好衣服。
- 193/ 我平时醒得特别早。
- 194/ 吃饭前要洗手。（刷牙、洗头、洗脸、洗衣服）
- 196/ 饭菜做好了，等孩子回来就可以吃饭了。
- 197/ 晚上看会儿电视，洗个澡就睡觉了。（短视频）
- 199/ 教你包饺子。（煮、炒、炸）
- 201/ 喝点热汤，身上就暖和多了。（粥、饭）
- 202/ 把房间打扫一下。（倒垃圾、擦桌子、刷碗）
- 204/ 好热啊，打开电风扇吧。（冰箱、空调）
- 205/ 把拖鞋拿过来。（镜子、毛巾、脸盆）
- 207/ 把被子叠起来。（裤子、床单、枕头）

209/ 家的美好

- 209/ 我们家在5号楼2单元1701，从楼上看远处的风景很美。
- 212/ 这个小区的绿化很好。（电梯）
- 214/ 这是书房，可以上网。（厨房、卫生间）
- 215/ 电脑是新买的。（洗衣机）
- 216/ 给我们的新家添一些好看的装饰。
- 218/ 老婆，我爱你。（岳父、岳母、公公、婆婆、儿子、孙子、女儿、孙女）

221/ 商场购物

- 221/ 这条连衣裙怎么样？今年特别流行。（裤子、帽子、鞋、袜子、围巾、毛衣）
- 224/ 有红色的。（黑、蓝、白、黄、紫、绿、灰）
- 226/ 这个有点小，请给我大一号的。
- 227/ 价格可以优惠吗？
- 228/ 所有商品打八折。
- 229/ 就这件，多少钱？
- 229/ 这是您的账单。
- 230/ 是刷卡，还是现金？（微信、支付宝、会员卡）
- 231/ 给我发票。
- 232/ 谢谢光临，请慢走。

233/ 其他

- 233/ 请先取号，排队等候。
- 234/ 带身份证了吗？（户口簿、结婚证）
- 236/ 您要办什么业务？（转账、挂失）
- 238/ 我想开个定期存款账户。（银行卡、取款、贷款）
- 240/ 填写姓名、家庭住址、电话、存入金额。
- 242/ 请您改个新密码。（Wi-Fi、App、流量、二维码、红包）
- 245/ 在这里签字。

247/ 学校教育

248/ 学习天地

- 248/ 几年级了？
- 248/ 高三。（幼儿园、小学、中学、大学）
- 250/ 快高考了。（中考、成人考试、考研、放学、考公务员、升学、留学）
- 252/ 成绩怎么样？
- 253/ 化学考得一般。（数学、语文、生物、政治、历史、地理）
- 256/ 准备报考哪个专业？
- 258/ 经济。（文学、计算机、医学、心理学、建筑、设计）

260/ 校园活动

- 260/ 喜欢什么体育活动？
- 261/ 最近爱上打乒乓球了。（踢足球、打篮球、打排球、打羽毛球、共享单车）
- 263/ 我想借一本书。（杂志）
- 264/ 有借书证吗？
- 265/ 借阅有效期一个月，请及时归还。

269/ 恋爱与婚姻

270/ 甜蜜的恋爱

- 270/ 记得我们的第一次约会吗？
- 271/ 我对你是一见钟情。
- 272/ 你愿意做我的女朋友吗？（恋人）
- 273/ 晚上一起看演出。（逛街、卡拉OK）
- 275/ 等你说爱我。
- 275/ 想和你结婚。（恋爱、订婚、蜜月）
- 277/ 我要照顾你一辈子。（关心）
- 279/ 虽然我不是很富裕，但是我爱你胜过一切。

281/ 幸福的婚姻

- 281/ 和你在一起，我无怨无悔。
- 282/ 这个家因为有你，才有了幸福。
- 284/ 你比结婚时看起来更漂亮。
- 285/ 我们结婚二十周年了，想起来心中甜蜜极了。
- 286/ 女儿已经长大了，我们也老了。（少年、青年）
- 288/ 无论你做什么，我都永远支持你。（反对、信赖、理解）

293/ 人在职场

294/ 求职应聘
- 294/ 我想应聘会计，这是简历。
- 295/ 工作经验丰富。
- 296/ 公司正在招聘保安。（手语老师）
- 298/ 签劳动合同吗？（试用期、保险）

300/ 上班进行时
- 300/ 开车去上班。（下班、加班、请假）
- 302/ 我在车间。（公差、值班、辞职、晋升、工程部、接待室、人事部）
- 304/ 复印一份学历证书。（打印、档案、照片）
- 307/ 请到会议室开会。
- 308/ 下周五去做一次市场调查。
- 309/ 下班前请交一份总结报告给经理。

313/ 外出旅游

314/ 旅行计划
- 314/ 星期日准备去哪儿玩？（星期一、星期二、星期三、星期四、星期五、星期六）
- 316/ 去故宫。（西湖、天坛、香山、颐和园、天安门、泰山、少林寺）
- 318/ 有人和你一起去吗？
- 319/ 我们去云南的时候，去民族村看看。
- 321/ 那里有"世界第六大奇迹"——石林。
- 322/ 我喜欢收藏旅游纪念品。

323/ 乘坐交通工具
- 323/ 这是去县城的车吗？
- 324/ 车票多少钱？
- 325/ 这是长途车。（班车、电车）
- 326/ 请投币。
- 326/ 请问还有几站？
- 327/ 一会儿请提醒我下车好吗？
- 329/ 你有晕车药吗？

330/ 人在旅途
- 330/ 有去北京的机票吗？（步行、公交车、轮船）

331/ 请帮我拨打急救电话。(消防)
333/ 我迷路了,请问去公园怎么走?(派出所、教育局)
335/ 前面红绿灯处往右 200 米就到了。
337/ 我们现在在奥运体育场。
338/ 预计什么时候回到酒店?(车站、机场)

340/ **入住酒店**
340/ 我想住宿,有单人间吗?(双人间、套间)
341/ 我想预订带浴室的标准间,从今晚起共五天。
344/ 请先登记。(里面、外面、对面)
345/ 这是房卡,预交 100 元押金。
346/ 贵重物品请放在前台保管。

349/ 去医院看病

350/ 挂号
350/ 挂号处在什么地方?(内科、外科、放射科、儿科、妇科、化验室)
353/ 挂外科普通号。(专家号)
354/ 带医疗保障卡了吗?

356/ 就诊
356/ 先测体温。(体重、血压、血型、脉搏、尿检)
358/ 哪里不舒服?(脸、眼、耳、鼻、口、舌、牙齿、手、腰、腹)
360/ 化验室在二楼。(B超、CT、X光、药房)
362/ 有事找护士。(医生)
364/ 我头疼。(牙疼、头晕、失眠、咳嗽、呕吐、气喘、腹泻、过敏、怀孕、中暑、贫血)
367/ 你需要输液。(打针、手术、中药、西药)
369/ 请三天后来复查,你很快会康复的。
371/ 这是你的药方。
372/ 先交费,后取药。(药棉、纱布、口罩、碘酒)
375/ 你脸肿了,需要继续住院治疗。

👉 手语手势动作图解符号说明

表示手势沿箭头方向移动。

表示手势上下（或左右、前后）反复摆动或捏动。

表示拇指与其他手指互捻。

表示五指交替抖动（或点动）几下。

表示手势向前（或向下）一顿，或到此终止。

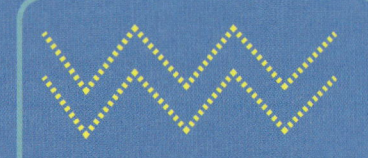

表示手臂或手指轻轻颤抖。

表示握拳的手按①②③④顺序依次伸出手指。

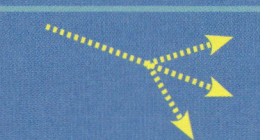

表示握拳或撮合的手边沿箭头方向移动边放开五指。

表示手势沿箭头方向一顿一顿移动。

表示手势沿箭头方向做波浪状移动。

表示手势上下抖动。

手横立
掌心向内或向外，指尖朝左或朝右。

手侧立
掌心向左或向右，指尖朝前。

手直立
掌心可向前、后、左、右四个方向，指尖朝上。

手斜伸
掌心可向前、后、左、右四个方向的斜上方或斜下方，指尖朝斜上方或斜下方。

手平伸
掌心向上或向下，指尖朝前。

手侧伸
掌心向侧上方或侧下方，指尖朝侧上方或侧下方。

手横伸
掌心向上或向下，指尖朝左或朝右。

👉 汉语手指字母方案

- 汉语手指字母用指式代表字母,按照汉语拼音方案拼成普通话,作为手语的一种——指语。
- 汉语拼音方案所规定的二十六个字母,用下列指式表示:

请扫描二维码观看演示视频

A 拇指伸出,指尖向上,其余四指握拳。

B 手掌伸直,拇指弯曲贴在掌心,其余四指并齐,指尖向上,掌心向前偏左。

C 拇指在下,向上弯曲,其余四指并齐,向下弯曲,相对成C形,虎口向内。

D 手握拳,拇指搭在中指第二节上,虎口向后上方。

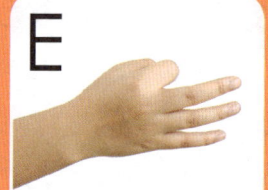

E 中指、无名指、小指三指伸直,分开不并紧,指尖向左,手背朝外,拇指和食指弯曲,拇指搭在食指上。

F 食指、中指伸直,分开不并紧,指尖向左,手背朝外,其余三指弯曲,拇指搭在无名指上。

拼打手指字母的注意事项:

　　1. 拼打汉语手指字母时,一般情况下用右手打出,情况特殊时也可用左手打出,但拼打的手指字母的方向要进行相应改变。同时要身体端正,目光平视前方,手臂自然弯曲,手的活动范围保持在胸前。

　　2. 拼打的手指字母要做到准确、清晰,不随意附带多余动作。

　　3. 拼打的手指字母要有一定的稳定性,不晃动、摇摆,做到手指动而手臂不动,姿势力求美观大方。

G
食指伸直，指尖向左，其余四指握拳，手背朝外。

H
食指、中指并紧伸直，指尖向上，掌心向前偏左，其余三指弯曲，拇指搭在无名指上。

I
食指伸直，指尖向上，其余四指握拳，拇指搭在中指上，掌心向前偏左。

J
食指弯曲，其余四指握拳，拇指搭在中指上，掌心向前偏左。

K
食指伸直，指尖向上，中指伸直跟食指成90度角，拇指跟中指交叉相搭，其余二指弯曲，虎口向内。

L
拇指、食指伸直分开，形成L形，其余三指握拳，掌心向前偏左。

M
拇指和小指弯曲，拇指搭在小指第二节上，其余三指并齐向下弯曲，指尖稍向下斜，临空压在拇指上，掌心向前偏左。

N
无名指、小指弯曲，拇指搭在无名指上，其余二指并齐向下弯曲，指尖稍向下斜，临空压在拇指上，掌心向前偏左。

O
食指、中指、无名指、小指四指并齐弯曲，拇指跟食指、中指相抵成空拳，虎口向内，如O形。

015

P
拇指跟食指相抵成圆形，其余三指伸直并齐，指尖向下斜伸，虎口向外稍斜。

Q
拇指跟食指、中指相捏，其余二指弯曲，虎口向内偏左。

R
拇指、食指伸出，拇指指尖向上稍斜，食指尖向左，手背朝外，其余三指握拳。

S
食指、中指、无名指、小指并齐弯曲，手指靠近手掌的一节跟手掌成90度角，拇指向上伸出，掌心向左前方。

T
拇指跟中指、无名指相抵成圆形，食指和小指伸出，指尖向上，掌心向前偏左。

U
手掌伸直，食指、中指、无名指、小指四指并齐，指尖向上，拇指分开不贴紧食指，掌心向前偏左。

V
食指和中指伸直分开，成V形，指尖向上，其余三指弯曲，拇指搭在无名指上，掌心向前偏左。

W
食指、中指、无名指三指伸直分开，成W形，指尖向上，其余二指弯曲相搭，掌心向前偏左。

X
食指、中指相叠成交叉状，指尖向上，其余三指弯曲，拇指搭在无名指上，掌心向前偏左。

Y 拇指和小指伸出，指尖向上，其余三指握拳，掌心向前偏左。

Z 食指和小指伸直，指尖向左，手背向外，其余三指弯曲，拇指搭在中指和无名指上。

● 汉语拼音方案所规定的四组双字母（ZH，CH，SH，NG），用下列指式表示：

ZH 食指、中指、小指三指伸直，指尖向左，手背向外，拇指和无名指弯曲，拇指搭在无名指上。

CH 食指、中指、无名指、小指四指并齐伸直，跟拇指相捏，手背向上。

SH 食指和中指并齐弯曲，手指靠近手掌的一节跟手掌成90度角，拇指向上伸出，无名指和小指弯曲贴在掌心，掌心向前偏左。

NG 小指伸直，指尖向左，其余四指握拳，虎口向上，手背朝外。

● 汉语拼音方案所规定的两个加符字母（Ê，Ü）用原字母（E，U）附加如下动作表示：

Ê 用手指字母"E"的指式，手指上下振动两下。

Ü 用手指字母"U"的指式，手指前后摆动两下。

● 阴平（－）、阳平（ˊ）、上声（ˇ）、去声（ˋ）四种声调符号，用书空表示。隔音符号，也用书空表示。

👉 常见地名及国家（地区）手语速查

请扫描二维码观看演示视频

北京
右手伸食指、中指，指尖抵于左胸，然后划至右胸。

上海
双手的小指一上一下互相勾住，其他手指握拳。

天津
一手食指、中指直立并拢，在头侧微动两下。

重庆
双手手背拱起，左手在下不动，右手手掌向下拍两下左手手背。

或

左手横伸，掌心向下，右手伸食指、中指、无名指、小指，指尖朝前，在左手手背上碰几下。

辽宁

❶ 双手伸拇指、食指，左手食指横伸，右手食指向下，仿"辽"字形。
❷ 一手伸出打手指字母"N"的指式。

吉林

❶ 一手手背贴于嘴部，拇指、食指先张开再相捏，仿鸡的嘴。
❷ 双手伸食指、中指、无名指、小指，在胸前掌心相对直立，一上一下。

或

❶ 伸出一手手指，打手指字母"J"的指式。
❷ 双手伸食指、中指、无名指、小指，在胸前掌心相对直立，一上一下。

内蒙古

❶ 左手横放，手背向外不动；右手食指指尖向上，放于左掌内并向下移，表示"内"。
❷ 一手虚握拳，指尖向下，于额部绕头一圈并放开五指，如蒙古族人以布缠头状。

河北

❶ 双手向前侧伸，掌心相对，相距五六寸，斜着向前做曲线移动。
❷ 双手伸拇指、食指、中指，掌心向内，在胸前交叉。

黑龙江

❶ 一手打手指字母"H"的指式，并在头发边摸一下。
❷ 双手拇指、食指相捏，从上嘴唇两边引出两条线，如龙须状。
❸ 双手掌心相对，相距一尺余，斜着向前做曲线移动。

青海

❶ 右手食指、中指、无名指、小指伸直并拢，掌心向内，放在下巴下方并向左水平移动一下。
❷ 双手平伸，指尖朝前，掌心向下，在胸前向两边做波浪状移动，动作幅度要大。

020

山西

❶ 一手斜伸，指尖朝斜上方，然后向上做起伏状移动，模仿山的形状。
❷ 一手拇指弯曲，食指、中指、无名指、小指横伸分开，手背向外。因字形相近，借"四"代"西"。

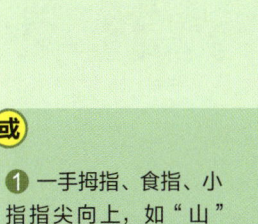

或

❶ 一手拇指、食指、小指指尖向上，如"山"字形。
❷ 右手横立，五指并拢，指尖指向左边。

陕西

左手拇指、食指成圆形，指尖稍分开，虎口朝上；右手伸拇指、食指、中指，食指、中指指面和指背在左手圆形上分别前后划动一下。

或

双手伸拇指、食指、小指，手背向上叠在一起。在下的手不动，在上的手向上移，象征一座宝塔（陕西西安以大雁塔著名，故以塔来表示陕西）。

甘肃

一手伸出食指,指尖斜向上,模仿啃去甘蔗皮的动作,以此代表甘肃。

山东

① 一手拇指、食指、小指指尖向上,如"山"字形。
② 一手打手指字母"D"的指式。

或

① 一手拇指、食指、小指指尖向上,如"山"字形。
② 右手横立,五指并拢,指尖指向右边。

安徽

❶ 一手横伸，掌心向下，自胸部往下一按。
❷ 一手拇指、食指成半圆形，虎口向内，贴于额前。

新疆

双手上举，五指微曲，拇指和中指互捻，同时双手灵活转动，模仿新疆舞的动作。

江苏

❶ 双手食指、中指搭成"江"字形，右手中指向下微点几下。
❷ 一手掌心向上，拇指与四指相捏。

或

❶ 双手掌心相对，相距一尺余，斜着向前做曲线移动。
❷ 一手掌心向上，拇指与四指相捏。

浙江

右手伸小指,指尖朝前,手腕向左转动一下,表示杭州湾。

或

❶ 右手打手指字母"ZH"的指式。
❷ 双手掌心相对,相距一尺余,斜着向前做曲线移动。

湖南

左手拇指、食指成半圆形,虎口向上;右手拇指、食指成圆形,虎口向上,在左手前从左向右转动半圈。

或

❶ 双手伸拇指、食指,指尖相对,搭成一个大圆;左手不动,右手变为伸掌,掌心向下,在圆中做波浪状移动。
❷ 右手伸直,五指并拢,指尖在胸腹部向下指。

河南

❶ 双手侧立,掌心相对,相距窄些,向前做曲线移动。
❷ 双手横伸,五指弯曲,食指、中指、无名指、小指指尖朝下,手腕向下转动一下。

或

右手握拳,放在右肩前,转动手腕两次。

湖北

❶ 一手拇指、食指捏成圆形,虎口贴于脸颊。
❷ 双手伸拇指、食指、中指,掌心向内,在胸前交叉。

或

❶ 双手伸拇指、食指,指尖相对,搭成一个大圆;左手不动,右手变为伸掌,掌心向下,在圆中做波浪状移动。
❷ 双手伸拇指、食指、中指,掌心向内,在胸前交叉。

江西

❶ 双手掌心相对，相距一尺余，斜着向前做曲线移动。
❷ 右手横立，五指并拢，指尖指向左边。

福建

双手伸拇指、食指、中指，手背朝外，双手拇指指尖碰两下胸部。

或

❶ 右手五指分开，贴在胸腹间转一圈。
❷ 左手拇指与其余四指成"匚"形，右手拇指与其余四指成"コ"形，左右手交替上叠，象征砌砖动作，引申为"建筑"。

云南

❶ 右手五指微曲，掌心朝左，拇指指腹与其他指指腹相对，在头部上方顺时针转一圈，表示天上有云。
❷ 右手伸直，五指并拢，指尖在胸腹部向下指。

海南

左手拇指、食指成半圆形，虎口朝上；右手手背朝上，拇指、食指、中指在左手边捏动两下，表示海南岛与祖国相连。

或

❶ 双手平伸，指尖向前，掌心向下，向两旁做波浪状移动。
❷ 右手伸直，五指并拢，指尖在胸腹部向下指。

四川

❶ 一手食指、中指、无名指、小指分开向上（数字"4"的指式）。
❷ 伸出中指、无名指、小指，指尖向下，比成"川"字形。

027

广西

双手虚握拳，虎口左右相对，置于头部两侧，交替拧动两下。

或

① 双手掌心向上，在腰部两侧碰几下。
② 右手横立，拇指弯曲，食指、中指、无名指、小指四指并拢，放于左胸前，指尖指向左边。

贵州

① 一手中指、食指分开，指尖朝后，在颈部一侧向前移动一下。
② 左手中指、无名指、小指与右手食指搭成"州"字形，右手在前。

或

① 左手拇指、食指捏成圆形；右手食指在圆形中画一竖线，再在底部画一横线，象征"贵"字的"虫"形。
② 左手中指、无名指、小指与右手食指搭成"州"字形，右手在前。

西藏

❶ 左手横伸；右手在左手掌心上模仿做糌粑的动作。
❷ 一手横伸，掌心向下，五指并拢，从一侧向另一侧做大范围的弧形移动，表示土地辽阔的意思。

或

双手伸拇指、小指，掌心向前，手臂弯曲，双手放在肩前，然后向前伸出，模仿献哈达的动作。

广东

一手食指指尖抵于前额，拇指、中指相捏，然后开合两下。

或

❶ 双手掌心向上，在腰部两侧碰几下。
❷ 右手横立，五指并拢，指尖指向右边。

台湾

右手握拳,虎口向上,置于下巴下边,手腕前后转动几下。

香港

一手五指撮合,指尖朝内,对着鼻部做两次开合动作。

1　　2

澳门

一手五指张开,食指指尖抵于脸颊处转动两下。

或

右手拇指、食指、小指指尖向左,食指指尖顶在右腮,转动两下手腕。

德国

右手伸食指,指尖向上,以手背贴在前额正中。这是以德国军队使用的钢盔(盔顶有尖锥)为特征的手势。

美国

双手十指伸开,拇指在上,其余手指交叉,在腹部转动一圈。

加拿大

右手握拳,拇指稍伸出,指尖向上,置于胸部,上下移动两下,如背猎枪状。

中国

右手伸食指,自左肩平拉至右肩,再至右腰部画一条线(这是中国旗袍的前襟线,以此表示中国)。

日本

双手张开,拇指、食指指尖相对,虎口朝上,边向两侧做弧形移动,边捏合两指。

英国

右手拇指、食指张开,手背向外,贴在下颏上。

韩国

右手打手指字母"S"的指式,先点一下太阳穴,再点一下脸颊。

1　　2

意大利

右手伸拇指、食指做"["形,指尖向上,自右胸部向下做曲线移动,最后拇指、食指捏合,象征意大利上宽下窄的国土地形。

俄罗斯

右手食指横伸,手背向上,贴在下颏,向右平行移动。

印度

右手握拳伸出拇指,拇指指尖抵在眉心处。这象征印度妇女眉心的红点。

法国

右手拇指、食指捏成小圆圈,其余三指伸直并分开,以虎口贴于胸部,然后翻腕变成手背向外,并向下移。

泰国

一手伸食指,指尖自鼻尖处向下做弧形移动,如象的鼻子(因泰国产象,故以象为代表)。

澳大利亚

双手拇指、中指、无名指相捏,食指、小指指尖向上,形如袋鼠头,然后向前微移,同时伸开五指,如袋鼠向前跳跃状。

巴西

右手四指并紧直伸,拇指贴在掌心,指尖向上,虎口向内,从鼻前向下做曲线移动。

土耳其

右手拇指、食指构成"冂"形,虎口向内,拇指指尖贴在前额发际。

033

墨西哥

右手伸食指、中指，手背向外，指尖向下，贴在前额上，向右平行移动。

西班牙

右手虚握拳，手背向外，置于右腹部，然后移向左肩部，改为伸掌，掌心向外，手背贴在左肩部。

印度尼西亚

❶ 右手握拳，伸出拇指，拇指指尖抵在眉心处。
❷ 右手伸食指、中指，手背向外，指尖分开在胸部自左向右做波浪状移动。

荷兰

双手分别置于头两侧，五指相对，分别成"匚""コ"形，边向下移边并拢五指（此为国际手语）。

葡萄牙

右手伸食指，其余四指握拳，手背向上，指尖自前额沿鼻尖及嘴至胸部画一条线。

南非

❶ 右手握拳，手背向上，横放胸前。
❷ 右手伸出拇指，拇指指尖对着鼻子（此为国际手语）。

👉 **常见节日手语速查**

请扫描二维码
观看演示视频

妇女节

元旦

左手中指、无名指、小指横伸在上，右手在下打数字"8"的指式，表示公历3月8日。

双手伸出食指，一上一下横于胸前，表示公历1月1日。

春节

❶ 右手伸食指点在左拳食指骨节处（同"春"的手势）。
❷ 双手抱拳做拱手祝贺状。

1

2

植树节

① 左手拇指、食指捏成圆形；右手拇指、食指、中指相捏，指尖朝下，插入左手圆形中。
② 双手拇指、食指搭成大圆形，虎口朝外，向上移动，象征树干。
③ 一手打手指字母"J"的指式，置于前额。
也可只打步骤②和步骤③。

1　　　　　　2　　　　　　3

劳动节

左手横伸在上，五指分开；右手食指横伸在下，表示公历5月1日。

青年节

① 一手掌心在下颏抚摸两下，以下颏胡须来表示青年。
② 打手指字母"J"的指式，置于前额。

儿童节

① 一手平伸，掌心向下，在胸前向下微按。
② 打手指字母"J"的指式，置于前额。

教师节

① 左手、右手分别五指撮合,指尖相对,在胸前晃动几下,表示传授。
② 右手伸拇指贴于胸前。
③ 打手指字母"J"的指式,置于前额。

国庆节①

① 左手食指、中指交叉相搭在上,右手伸食指横放在下,表示公历10月1日。
② 打手指字母"J"的指式,置于前额。
(此专用于表示中国国庆节。)

国庆节②

① 一手打手指字母"G"的指式,顺时针平行转动一圈。
② 双手作揖,向前晃动一下,面露喜悦的表情。
③ 右手打手指字母"J"的指式,置于前额。
(此用于表示其他国家的国庆节。)

除夕

① 右手伸食指从左拳的骨节处向下划。
② 打"三"的手势,并将三指弯动一下,表示"三十"。

元宵节

① 一手拇指、食指捏成小圆形,连续做两次这个动作,表示元宵。
② 双手掌心相贴,做揉元宵的动作。
③ 打手指字母"J"的指式,置于前额。

清明节

① 左手伸拇指、小指，指尖朝上；右手食指、中指、无名指、小指并拢，指尖朝下，在左手上前后移动两下，表示扫墓。
② 打手指字母"J"的指式，置于前额。

或

一手食指、中指、无名指、小指横伸在上，另一手五指横伸在下，表示清明节（在公历4月4日至6日之间）。

端午节

① 左手伸食指、小指，象征粽肉；右手五指如拿物状绕左手一圈。
② 打手指字母"J"的指式，置于前额。

中秋节

① 左手伸拇指、食指,打"八"的手势。
② 右手先伸食指、中指交叉相搭,然后改伸五指,这是"十五"的手势。

重阳节

双手打"九"的手势,一上一下,表示农历九月初九。

母亲节

① 一手伸食指贴在嘴唇上。
② 打手指字母"J"的指式,置于前额。

父亲节

❶ 一手伸拇指贴在嘴唇上。
❷ 打手指字母"J"的指式,置于前额。

圣诞节

❶ 一手五指微曲,指尖朝上,置于颈部,边捏动边向下移动,模仿圣诞老人的胡子。
❷ 打手指字母"J"的指式,置于前额。

或

❶ 右手五指并拢微曲,放于下颏,从左腮划到右腮,好像摸圣诞老人胡子的样子。
❷ 打手指字母"J"的指式,置于前额。

国家标准

中国手语
日常会话
速成
修订版

见面问候

有时候,
一句简单的问候,
就能缩短人与人之间的距离。
有时候,
一句简单的关心,
就能给身边人带来暖暖的幸福。
幸福其实很简单。

初次见面

请扫描二维码
观看演示视频

你好。(你们、大家、女士、先生、同志)

你
一手食指指向对方。

好
一手伸拇指，露出赞赏的表情。

词汇拓展训练

你们
❶ 一手食指指向对方。
❷ 掌心向下，在胸前顺时针平行转半圈，眼睛同时看向对方。

1　2

大家
一手掌心向下，在胸前顺时针平行转半圈。

女士

① 一手拇指、食指捏耳垂，象征耳环，泛指女性。
② 左手食指与右手拇指、食指搭成"士"字形。

或

① 一手拇指、食指捏耳垂，象征耳环，泛指女性。
② 一手伸食指书空"士"字。

先生

① 一手直立，掌心贴于头的一侧，前后移动两下。
② 一手平伸，掌心向下，按动一下。

或

① 右手食指点一下左手拇指。
② 一手伸拇指，贴于胸前，表示尊敬。

047

同志

❶ 一手伸食指、中指，手背向上，在胸前平行移动一下。
❷ 打手指字母"ZH"的指式。

你叫什么名字？(张、王、李、赵、陈、杨、刘、朱、黄、吴)

你
一手食指指向对方。

叫
一手拇指与其余四指构成"L"形，虎口贴于嘴边，张开嘴，如喊叫状。

什么
一手食指直立，掌心向外，左右晃动几下，面露疑问的表情。

或
伸出双手，先掌心向下，然后翻转为掌心向上。

名字？
❶ 左手中指、无名指、小指横伸，右手食指指尖自左手中指指尖向下划动（中指表示姓，无名指、小指表示名）。
❷ 右手伸食指书空"？"。

词汇拓展训练

张
双手拇指、中指相捏,指尖朝下,微微抖动两下。

或 一手打手指字母"ZH"的指式,自头的一侧向下划一下。

王
一手中指、无名指、小指横伸,与另一手食指搭成"王"字形。

李
一手拇指、食指弯曲,指尖朝内,抵于颏部。

或 一手依次打手指字母"L""I"的指式。

赵
左手伸拇指、小指,手背向外;右手食指、中指相叠,掌心向外,置于左手旁。

或 一手伸出,打手指字母"ZH"的指式。

陈

一手拇指、食指微曲，指尖抵于耳部一侧上下缘，表示"陈"字的耳刀旁。

或

一手伸出，打手指字母"CH"的指式。

杨

一手食指弯曲如钩，虎口贴近头上部。

刘

一手拇指、小指伸出，指尖朝前，并晃动一下。

朱

左手拇指、食指、中指分开，手背向外；右手伸食指，在左手食指、中指上书空"丨""丿""丶"，构成"朱"字形。

黄

一手打手指字母"H"的指式，摸一下脸颊。

吴

一手五指捏成球形，手背向下，微晃两下。

我叫周明，很高兴认识你。(知道、听说、陌生)

我
一手指自己。

叫
一手拇指与四指构成"L"形，虎口贴于嘴边，张开嘴，如喊叫状。

周
一手食指、中指横伸并拢，指面摸一下眉毛。

或
一手打手指字母"ZH"的指式，掌心朝自己并在胸前转一圈。

明
① 一手伸食指贴于太阳穴，头微偏。
② 食指离开，头部转正，表示睡觉过了一天，即"明天"之意（"后天"用两个指头）。

很
一手臂横伸于胸前，且拇指指尖抵于食指根部，食指伸直，其余三指并拢弯曲，向下一沉。

高兴
伸出双手，掌心向上，在胸前上下扇动，面露笑容。

051

认识
双手食指、中指弯曲,掌心相对移动,同时双手食指、中指对应互碰两下。

你
一手食指指向对方。

手语小知识
在"很"的手势中,拇指抵在食指根部,表示程度很深。另外,这个手势还可以表达"更""最""极"等意思。

在打手语的时候,存在大量省略现象,例如,"的"这类虚词在句子中一般省略不打。

词汇拓展训练

知道
右手伸食指,在太阳穴处点两下,表示"知道""懂了""了解"之意。

听说
❶ 一手放在耳后贴于耳部,表示在听。
❷ 伸食指,横于嘴前转动几下,表示说话。

陌生
双手伸拇指,掌心相对,先互碰一下,再分别向两侧移动,拇指指尖朝斜上方,表示两人相遇不相识。

或

双手伸出食指、中指，食指、中指指尖先互相抵住，然后向两旁分开，并向内旋转，手背朝外，表示双方"不认识""不熟悉"。

孩子多大了？

孩子

一手平伸，掌心向下，在胸前向下微按两下（根据孩子的身高来决定手的高低）。

多大了？

❶ 左手握拳，手背向外；右手伸食指自左手食指骨节处向下划。
❷ 一手五指向上伸开，微微抖动几下。
❸ 右手伸食指书空"？"。

五岁。(零、一、二、三、四、六、七、八、九、十、百、千、万、亿)

五
五指一齐伸出。

岁
双手抱拳做拱手状。

词汇拓展训练

零
一手拇指、食指相捏成圆圈，其余手指自然弯曲。

一
一手伸出食指，其余四指弯曲。

二
一手伸出食指、中指，其余三指弯曲。

三
一手伸出中指、无名指、小指，拇指、食指弯曲。

四
一手伸出食指、中指、无名指、小指，拇指弯曲。

六
一手伸出拇指、小指，其余三指弯曲。

七
一手拇指、食指、中指相捏，其余两指弯曲。

八
一手伸出拇指、食指，其余三指弯曲。

九
一手食指弯如钩形，其余四指弯曲。

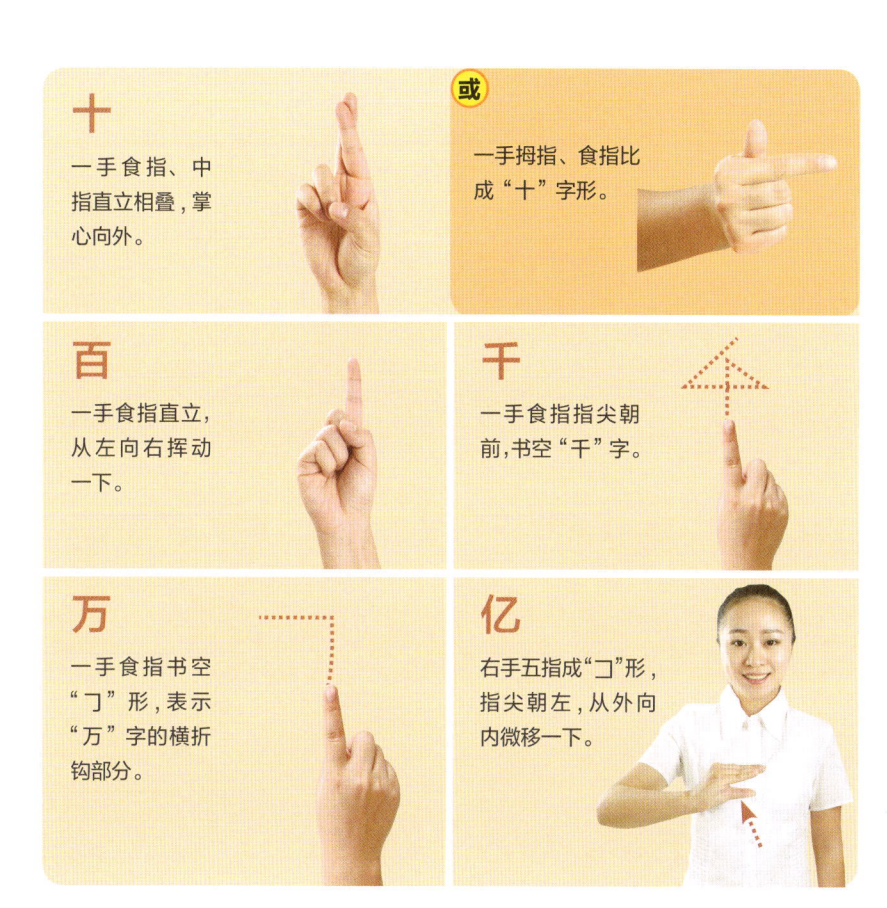

十
一手食指、中指直立相叠,掌心向外。

或
一手拇指、食指比成"十"字形。

百
一手食指直立,从左向右挥动一下。

千
一手食指指尖朝前,书空"千"字。

万
一手食指书空"﹁"形,表示"万"字的横折钩部分。

亿
右手五指成"ㄈ"形,指尖朝左,从外向内微移一下。

我刚毕业,正(现在)找工作。

我
一手指自己。

刚
右手拇指、食指捏成圆圈,在右肩上点两下。

毕业

双手平伸，掌心向上，边从下向上移动边握拳。

或

❶ 双手放在面前，掌心向内，如读书状，然后翻手向下一甩。
❷ 左手伸出除拇指外的手指，掌心向内；右手食指横伸放于左手手指根部，掌心朝下。

正（现在）

一手横伸，掌心向上，横于腰部，上下颠动两下。

找

双手食指、中指分开，指尖朝下，交替转动；头微低，眼睛注视手的动作。（可根据实际表示找的动作。）

或

一手食指、中指伸出，一边在面前转动，一边由一侧移向另一侧，目光随之移动。

056

工作

双手握拳，上拳打下拳，即"做"的手势，引申为"工作"。

以后常联系。(见面)

以后

一手直立，掌心向外，向前挥动一下。

或

一手五指微曲，自腰部向身后扇动几下，表示以后的某天但不能确定哪天，故引申为"以后"的意思。

常

同"常常"，一手伸食指、中指，在太阳穴处碰几下。

联系

双手拇指、食指捏成小圆圈，相连成环，同时左右微动，象征彼此联系。

词汇拓展训练

见面

双手食指、中指微曲，指尖相对，从两侧向中间移动，表示双方目光相接。

关心问候

请扫描二维码观看演示视频

最近过得好吗?（以前、现在）

最近
一手拇指、食指相捏，指尖朝后，置于一侧肩前，向后微动两下，表示不久前刚刚发生的事情。

过得
左手伸食指，其余四指握拳，掌心朝下；右手侧立，掌心向左，放于左手食指根部，往右划。

或

❶ 左手侧立，掌心朝右；右手打手指字母"A"的指式，掌心朝下，拇指指尖往左手掌心一顶。

❷ 双手拇指、食指相捏，相互靠近，表示距离接近。

好
一手握拳,向上伸出拇指。

吗
右手伸食指书空"？"。

词汇拓展训练

以前
一手五指微曲,用手向肩后挥几下,表示过去的某天但不能确定哪天,故引申为"以前"的概念。

现在
一手横伸,掌心向上,置于腰部,上下颠动两下。

一切都顺利吧？

一切都
双手十指微曲,指尖左右相对,然后向下做弧形移动,手腕靠拢。

或
双手十指并拢,掌心向外,指尖向上；双手并立,然后分开向下做弧形移动,变为掌心向上,指尖朝前。

1 　　2

顺利吧？

❶ 一手直立，五指张开，边向前转腕边食指、中指、无名指、小指握拳，拇指指尖朝上。
❷ 一手伸食指书空"？"。

或

❶ 一手伸掌，指尖向上，从小指开始依次收起手指到字母"A"的指式，同时向左移动一下。
❷ 一手伸食指书空"？"。

👉 **手语小知识**

在手语中，有很多省略现象，如吧、呀、哦、啊、呢等词，一般是省略不打的，但问号不能省略。

请代我向他们问好。

请
双手掌心向上，在腰部向旁移，同时面露微笑，表示邀请。

代
双手伸食指，指尖向上，交互转换位置，表示代替。

我
一手指自己。

向

双手直立，掌心相对，向前移动一下。也用于表示姓氏"向"。

或

一手侧立，指尖向前，手臂向前伸一下。

他们

一手食指先指向侧方第三者，然后掌心向下，五指伸直，在腰部顺时针平行转半圈。

问好

❶ 右手食指从嘴向前指一下。
❷ 一手握拳，向上伸出拇指。

早晚温差大，注意保暖。

早
一手横立，食指、中指、无名指、小指并拢，在颏部从左向右摸一下。

或

一手四指与拇指相捏，手背向上，横放于胸前，缓缓向上抬起，五指逐渐张开，象征天色由暗转明。

晚
❶ 一手四指并拢与拇指成 90 度角，放在身旁。
❷ 缓慢做弧形下移，同时五指捏合，象征天色由明转暗。

温差
❶ 双手十指微曲，掌心向上，在腰部由下向上缓缓移动。
❷ 双手平伸，掌心向下，一手不动，另一手向下降，表示差别。

大

双手掌心相对,分别向两侧移动,幅度要大些。

注意

一手食指、中指分开,放于眼前,指尖向前点动两下,表示注意。

保暖

❶ 左手伸拇指;右手横立,五指微曲,置于左手前,然后双手同时向下一顿。
❷ 双手微曲,掌心向上,由腹部慢慢地移到胸部。

或

❶ 左手打手指字母"A"的指式;右手微曲,掌心向内,右手手掌拍左手手背。
❷ 双手微曲,掌心向上,由腹部慢慢地移到胸部。

照顾好自己。(爱护)

照顾
左手打手指字母"A"的指式，右手食指、中指对着左手拇指点两下。

好
一手握拳，向上伸出拇指。

自己
右手伸食指，指尖向上，在左肩上点两下。

词汇拓展训练

爱护
❶ 左手伸拇指，右手轻轻抚摸左手拇指指背，面露怜爱的表情。
❷ 左手伸拇指；右手横立，五指微曲，置于左手前，然后双手同时向下一顿。

或

❶ 左手伸拇指，右手轻轻抚摸左手拇指指背，面露怜爱的表情。
❷ 左手伸拇指；右手横立，五指微曲，置于左手前，绕左手转半圈。

不舍的告别

请扫描二维码
观看演示视频

玩得很开心。(满意)

玩得
双手伸拇指、小指,顺时针平行交替转动一圈。

或
双手伸出拇指、小指,掌心朝内,交替转动。

很
一手臂横伸于胸前,且拇指指尖抵于食指根部,食指伸直,其余三指并拢弯曲,向下一沉。

开心
伸出双手,掌心向上,在胸前上下扇动,面露笑容。

词汇拓展训练

满意

❶ 一手横伸，掌心向下，从腹部向颏部移动。

❷ 一手食指伸直，掌心朝自己。因"一"与"意"谐音，此处借用。

谢谢你的关心。（安慰、理解）

谢谢

一手伸出拇指，弯曲两下，表示向人鞠躬感谢。

你的

一手食指指向对方。

关心

❶ 双手垂立，分别五指并拢，手背向外，从两侧向中间移动并互碰。

❷ 双手搭成心形，先贴于胸前，再向前顿两下，表示关心。

或

双手搭成心形，先贴于胸前，再向前顿两下，表示关心。

066

词汇拓展训练

安慰

❶ 一手横伸，掌心向下，在胸前向下微按。
❷ 左手伸拇指、小指；右手五指微曲，掌心向外，朝左手微移两下，面露慈祥的表情。

或

❶ 一手横伸，掌心向下，在胸前向下微按。
❷ 一手伸开，抚摸另一手拇指。

理解

一手打手指字母"L"的指式，置于太阳穴处，前后转动两下。

或

❶ 一手伸出，打手指字母"L"的指式。
❷ 一手食指在太阳穴处点一下，表示"知道""懂了""了解"之意。

手语小知识

"谢谢"的手势动作形象到位，拇指第一节象征人的头，拇指弯曲两下，表示点头致谢。

该走了。(出发)

该
一手食指、中指指背交替弹击下颏。

走
一手伸开食指、中指,指尖向下,一前一后交替向前移动。

了
一手五指张开,掌心向下,甩动一下。

或
一手伸食指书空"了"字。

词汇拓展训练

出发
右手掌心朝前,做出发前招手状。

有空常来。

有
一手拇指、食指伸直,拇指不动,食指指尖朝前,放在胸前,弯动几下。

空

左手斜伸；右手食指、中指、无名指、小指并拢，指尖朝前，小指外缘从右向左划至左手虎口处（可根据实际表示空的状态）。

或

① 左手斜伸；右手食指、中指、无名指、小指并拢，指尖朝前，小指外缘从右向左划至左手虎口处。
② 翻转右手手掌表示"空洞无物"之意。

常

同"常常"，一手食指、中指在太阳穴处碰几下。

来

一手掌心向下，由外向内挥动。

时间过得真快。(慢)

时间

一手伸出拇指、食指，拇指指尖抵住另一手掌心，食指向下转动，象征钟表的时针在转动。

过得

左手伸食指，掌心朝下；右手侧立，掌心朝左，从左手手背朝左手食指指尖方向划动。

真快

❶ 一手食指弹打一下另一手食指。
❷ 一手拇指、食指相捏,从一侧向另一侧做快速挥动,象征物体运动速度很快。

词汇拓展训练

慢

一手掌心向下,慢慢地左右微动几下,象征物体运动速度缓慢(可根据实际表示慢的状态)。
注:"慢"的手语存在地域差异,可根据实际选择使用。

友谊天长地久。

友谊

双手伸拇指,靠在一起,顺时针平行转动一圈。

或

双手伸拇指互碰几下,表示友谊。

天

右手食指横伸,指尖朝右,向左做弧形移动。

或

一手伸食指,在头上做弧形移动,象征从日出到日落,即一天的时间。

长

双手食指相对,从中间向两侧拉开。

地

一手食指指尖朝下指一下。

久

右手拇指、食指伸出,拇指指尖抵于左掌心,食指向下转动后,再向右拉开。

国家标准

中国手语
日常会话
速成

修订版

表达情感和需求

这个世界,
每个人都需要鼓励和赞美。
这个世界,
谁都免不了求助于人,
少不了道一声抱歉或感谢。
祝福你我,
祝福世界。

表扬鼓励

请扫描二维码观看演示视频

这都是你的功劳。(荣誉、回报)

这
一手食指向下指，点两下。

都
双手十指微曲，指尖左右相对，然后向下做弧形移动，手腕靠拢。

或
双手十指并拢，掌心向外，指尖向上并立，然后分开向下做弧形移动，并变为掌心向上，指尖朝前。

是
一手食指、中指相叠，指尖朝前斜上方，向下一顿。

你的
一手食指指向对方。

功劳

① 左手拇指、食指捏成圆形,虎口朝外;右手五指并拢,指尖朝下,抵于左手圆形上端,表示佩戴的奖章。

② 双手横立,贴于腹部,向前上方移动,手变平伸,掌心向上,表示将身上的东西都献出来。

或

① 左手食指、中指与右手食指先搭成"工"字形,然后左手不动,右手空书"力"字,拼成"功"字形。

② 一手握拳,敲打另一手手臂。

词汇拓展训练

荣誉

一手虚握拳,虎口先贴于左脸颊,然后向外移动,并放开五指。

回报

双手直立,掌心前后相对,然后交错移动一下。

你爱人真贤惠。（人民、群众、宝宝、可爱、漂亮、勤劳、勇敢、善良）

你
一手食指指向对方。

爱人
双手伸拇指，虎口朝上，置于身体一侧，指面相对，弯动一下（可根据语境决定所指的对象，如男人先指自己，再在身体一侧打此手势，表示的是妻子；女人先指自己，再在身体一侧打此手势，表示的是丈夫）。

或
① 左手伸拇指，指尖朝前；右手平伸，指尖朝前，轻轻抚摸左手拇指指背，表示怜爱。
② 双手食指搭成"人"字形。

真贤惠
① 一手食指弹打一下另一手食指。
② 一手五指并拢，指尖朝上，小指贴于胸部，先由上向下移动，然后伸出拇指。

词汇拓展训练

人民
双手食指搭成"人"字形并转一圈,表示人多的意思。

群众
双手中指、无名指、小指搭成三个"人"字形,拇指、食指对捏并绕一圈。

宝宝
双手十指微曲,掌心向内,一上一下,置于胸前,下边的手拍动两下,如抱婴儿状。

可爱
❶ 一手五指伸直,指尖向上,掌心朝前,然后拇指不动,其余四指弯动几下。

❷ 左手伸拇指,指尖朝前;右手平伸,指尖朝前,轻轻抚摸左手拇指指背,表示怜爱。

漂亮
一手食指、中指先置于鼻部,然后下移的同时弯曲并伸出拇指,表示美丽、漂亮、好看的意思。

077

勤劳

双手握拳，先左拳捶右臂，再右拳捶左臂，表示不停地劳动；头微低，眼睛注视双手的动作。

勇敢

双手拇指、食指张开，食指指尖朝下，贴于腹部，然后用力向两侧拉开；挺胸抬头，面露坚毅的表情。

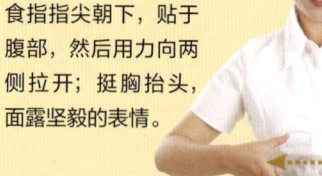

善良

右手直立，掌心向右，小指外缘贴于胸部正中，先向下再向外上方移动，并伸出拇指。

加油，你一定能成功！（失败、挫折）

加油

① 一手拇指、食指比成"十"字形，置于鼻翼一侧，微转两下。
② 左手五指成"匸"形，指尖朝下；右手伸拇指、食指，食指插入左手虎口，表示给汽车加油。

或

一手握拳曲肘，向内弯动一下。

你
一手食指指向对方。

一定
一手食指直立,向下挥动一下。

或

一手食指弹打另一手食指。

能
一手五指伸直,指尖向上,掌心朝外,然后拇指不动,其余四指弯动几下。

成功
左手横伸,右手先拍一下左手掌,再伸出拇指。

或

双手伸出拇指,掌心朝内,左手不动,右手在胸前向上举。

词汇拓展训练

失败

左手横伸；右手伸拇指、小指，拇指指尖朝下，落至左手掌心。

或

双手伸出小指，其余手指弯曲，掌心朝内，左手不动，右手往下甩。

1　　2

挫折

左手侧立；右手伸拇指、小指，向左碰两下左手掌心，表示受阻不顺利。

或

左手五指伸直，指尖向上，掌心朝右；右手食指伸直，向左碰一下左手掌心，然后弯曲食指。

今天表现很出色。(辛苦、麻烦)

今天

一手横伸,掌心向上,在腹前向下颠动两下。

或

双手横伸,掌心向上,置于腰部,上下微动,表示就是现在。

表现

双手直立,掌心向内,前后交替移动两下。

或

双手伸拇指、食指,分别置于脸两边,双手往前一顿。

很出色

① 左手横伸,掌心向下;右手食指从左手小指边向上伸出。
② 右手伸出拇指。

手语小知识

"出色"的手语打法不能分为"出"和"色"。

词汇拓展训练

辛苦

① 右手握拳,连续快捶几下左肘内侧,面露劳累的表情。
② 一手拇指、食指相捏,置于嘴边,互捻两下,面露难受的表情。

麻烦

一手五指弯曲,指尖朝内,向鼻部点动两下。

或

一手五指微曲,以指尖在前额处点动几下。

你真棒！(聪明、谦虚)

你
一手食指向对方。

真棒
① 一手食指弹打另一手食指。
② 一手伸拇指，往前一顿。

词汇拓展训练

聪明
一手五指撮合，指尖先抵于前额，然后向外，边移动边放开五指。

谦虚
一手伸小指，指尖点两下胸部，同时含胸，面露谦虚的表情。

表达歉意

请扫描二维码
观看演示视频

抱歉，我没有遵守约定。

抱歉
一手五指并拢，举于额际，如行军礼状，然后下移改伸小指，在胸部点几下，表示向人致歉并自责。

1

2

我
一手指自己。

没有
一手伸直，五指张开，掌心朝外，左右摆动几下。

遵守

① 一手食指、中指、无名指、小指并拢，指尖抵于耳朵上，手背向外，表示听话的意思。
② 左手横伸，右手伸拇指置于左手掌心上，左手向上一抬。

或

① 一手食指、中指、无名指、小指并拢，指尖抵于耳朵上，手背向外，表示听话的意思。
② 左手伸食指，指尖向上；右手五指并拢，指尖朝左手食指一顿。

约定

双掌交换位置，各拍一下，意即双方约定。

别太担心了。（添麻烦、开玩笑）

别

一手伸直，五指张开，掌心朝外，左右摆动几下。

太

左手侧立，掌心朝右，右手打手指字母"A"的指式，掌心朝下，拇指尖往左手掌心一顶。

担心

双手搭成心形，放于胸前，上下动两下，表示提心吊胆。

了

一手伸食指书空"了"字。

词汇拓展训练

添麻烦

❶ 一手拇指、食指先握成圆形，然后移贴到另一手掌心上。
❷ 一手五指弯曲，指尖朝内，向鼻部点动两下。

或

❶ 一手拇指、食指先握成圆形，然后移贴到另一手掌心上。
❷ 一手五指微曲，以指尖在前额处点动几下。

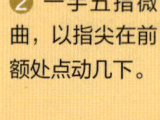

开玩笑

❶ 双手伸食指、中指，搭成"开"字形。
❷ 双手伸出拇指、小指，交替转动。
❸ 一手拇指、食指微弯，放于颏部，面露笑容。

没关系，不要放在心上。

没关系
双手拇指、食指套环，然后向两侧打开。

或
1. 双手拇指、食指套环。
2. 放开双手，指尖朝上，掌心朝外。

不要
一手伸直，五指张开，掌心朝外，左右摆动几下。

放
一手虚握拳，掌心向下，然后向前放开五指。

在

左手横伸,掌心向上;右手伸拇指、小指,从上向下移至左手掌心上,也表示"当""于"的意思。

心上

① 双手搭成心形,贴于左胸部。
② 一手伸食指向上指。

很遗憾,不能准时赴约。

很遗憾

① 左手横伸;右手握拳,在左手掌心上轻捶两下,面露遗憾的表情。
② 双手平伸,掌心向上,向下颤动两下,面露遗憾的表情。

或

左手横伸,右手握拳在左手掌心轻捶两下,面露遗憾的表情。

088

不能

① 一手伸直，五指张开，掌心朝外，左右摆动几下。
② 一手五指伸直，指尖向上，掌心朝前，然后拇指不动，其余四指弯动几下。

准时

① 双手平伸，掌心向上，左手不动，右手向左手移动并相碰。
② 左手侧立；右手伸拇指、食指，拇指指尖抵于左手掌心，食指向下转动。

或

① 左手伸食指，右手五指并拢，指尖朝左手食指一顿。
② 左手侧立；右手伸拇指、食指，拇指指尖抵于左手掌心，食指向下转动。

赴约

双手伸出拇指、小指，由两旁向中间靠近，象征两个人会见。

让你失望了，对不起。(委屈)

让你

① 双手掌心向上，在腰部旁移，表示邀请之意。
② 一手食指指向对方。

失望了

一手五指张开，掌心向上，先贴于胸前，然后向下收拢五指，同时面露灰心、丧气的表情。

词汇拓展训练

委屈

一手虚握拳,贴于胸部,转动一圈,头向前微低,面露难受的表情。

或

① 一手伸小指,在胸前点两下,同时皱眉,面露受委屈的表情。
② 一手虚握拳,贴于胸部,转动一圈,头向前微低,面露难受的表情。

请求帮助

请扫描二维码
观看演示视频

能帮我一个忙吗？(劳驾)

能
一手五指伸直，指尖向上，掌心朝外，然后拇指不动，其余四指弯动几下。

帮我
❶ 双手伸掌拍动两下胸部。
❷ 一手指自己。

一个

一手伸出食指，其余四指弯曲。

忙

双手平伸，掌心向下，五指分开，在胸前左右摆动几下，表示双手忙个不停。

吗

一手伸食指书空"？"。

词汇拓展训练

劳驾

① 一手握拳敲打另一手臂，表示劳累。
② 一手伸出拇指，弯曲两下，表示向人感谢。

1

2

很乐意为您效劳。

很乐意
一手拇指、食指微曲，指尖抵于下颏，头微微点一下。

为
一手伸拇指、食指，腕部转动几下。

您
一手食指指向对方。

效劳
双手掌心斜向外，拍动两下，表示给人援助。

我分不清方向了，帮我看一下地图。

我
一手指自己。

分
左手横伸，掌心朝上，指尖朝右；右手侧立，掌心朝左，指尖朝前，放于左手掌心上，然后朝右划过掌面。

不

一手伸直，五指张开，掌心朝外，左右摆动几下。

清

一手掌心从另一手掌心上擦过（幅度大一点），然后握拳伸出拇指。

方向

① 双手伸拇指、食指相搭成方形。
② 双手侧立，掌心相对，向前移动一下。

或

① 双手伸拇指、食指相搭成方形。
② 一手侧立，指尖向前移动一下，以示方向。

095

了

一手伸食指书空"了"字。

帮我

❶ 双掌拍动两下胸部,表示给人帮助。
❷ 一手指自己。

看一下

一手食指、中指分开,指尖朝前,掌心向下,从眼部向前一指(可根据实际表示看的动作)。

地图

❶ 一手伸食指,指尖向下一指。
❷ 左手横伸;右手五指撮合,指背在左手掌心上抹一下,表示纸质地图。

帮我拿一件行李好吗？

帮我
1. 双掌拍动两下胸部，表示给人帮助。
2. 一手指自己。

拿
一手向下微抓，然后向上提起，如拿物状。

一件
一手伸出食指，其余四指弯曲。

行李
1. 双手放在肩前，模仿背包动作。
2. 右手虚握拳，放在身后，模仿拉行李箱的动作。

好
一手握拳，向上伸出拇指。

吗
一手伸食指书空"？"。

自行车坏了，帮我修修。(摩托车、电动车、手表)

自行车
双手握拳，在胸前纵向交替转圈，如踏自行车的动作。

坏了
一手握拳，向下伸出小指，面露不满的表情。

帮我
❶ 双掌拍动两下胸部，表示给人帮助。
❷ 一手指自己。

修修
左手握拳，伸出拇指；右手伸食指、中指，夹住左手拇指转动两下。

词汇拓展训练

摩托车
双手握拳,在胸前上下颠动,如驾驶摩托车的动作。

电动车
① 一手伸食指书空"彡"形。
② 双手虚握拳,虎口左右相对,手背向上,向前移动一下。

手表
一手拇指、食指捏成圆形,贴在另一手腕部,表示手表。

请把光盘递给我。(U盘)

请
双手掌心向上,在腰部向旁移,表示邀请之意。

把
右手五指张开,如抓物状,收回五指的同时在胸前顿一下。

099

光盘

① 左手横伸；右手拇指、食指成半圆形，指尖朝左，从左手掌根移至左手掌心下。
② 双手拇指、食指搭成大圆形。

或

双手拇指、食指搭成大圆形，如光盘状，同时往前动一下，模仿光盘入仓的动作。

递给我

一手横伸，掌心朝上，朝胸口移动，指尖朝内。

词汇拓展训练

U盘

① 一手拇指、食指微张，指尖朝前一插。
② 双手拇指、食指搭成方形，如U盘大小（可根据实际表示U盘、移动硬盘的形状）。

感谢与祝福

请扫描二维码观看演示视频

祝你们健康长寿。

祝
双手抱拳，做作揖状。

你们
一手食指先指对方，然后掌心向下，在胸前平行转半圈。

健康
双手贴于胸前，向下微移，同时握拳伸拇指并向下一顿。

长寿

① 双手食指直立,指面相对,从中间向两侧拉开。
② 一手在下颌做捋胡须的动作,表示年纪大。

祝你一路顺风！(进步、幸福、发财)

祝
双手抱拳,做作揖状。

你
一手食指指向对方。

一
一手伸出食指,其余四指弯曲。

路
双手侧立,掌心相对,相距尺余,向前方伸出,表示笔直的大路。

顺

一手伸掌，四指并拢，指尖向上，掌心向外，从小指开始依次收起手指到字母"A"的指式，同时向左移动一下。

风

一手五指微曲，指尖向上，左右来回扇动。

词汇拓展训练

进步

一手拇指、食指相捏，边向前移动边张开两指。

幸福

右手打手指字母"X"的指式，掌心朝左，并贴于胸部逆时针绕一圈。

发财

❶ 双手虚握拳，掌心朝上，指尖相对，边向上移动边放开五指。
❷ 左手拇指、食指捏成小圆圈，右手食指碰两下圆边。

新年快乐。

新
一手伸出拇指,从另一手手背上向外划过,表示"全好"之意,此引申为"新"。

年
左手握拳,手背朝外,右手伸食指从左拳的第一个骨节处向下划(拳背四个骨节代表四季,划下去表示一年)。

快乐
双手横伸,掌心向上,在胸前同时向上移动两下,面露笑容。

或
双手掌心向上,在胸前交替上下扇动,面露笑容。

祝宝宝茁壮成长!（父母）

祝
双手抱拳,做作揖状。

宝宝
双手掌心向内,一上一下,虚置于胸前,做抱婴儿状。

茁壮

① 双手拇指、食指成圆形，虎口朝上，从中间向两侧移动。
② 双手握拳曲肘，同时用力向下一顿。

或

双手贴于胸前，向下微移，同时握拳伸拇指并向下一顿。

成长

一手平伸，掌心向下，往上缓缓移动，表示长大。

词汇拓展训练

父母
① 一手伸拇指贴在嘴唇上。
② 一手伸食指贴在嘴唇上。

感谢参加我们的婚礼。(受累)

感谢
一手伸拇指弯曲两下,即"谢谢"的手势。

参加
左手伸直,指尖向上,掌心朝右;右手伸出拇指、小指,向左手的掌心靠拢,表示"加入一个行列"的意思。

我们的
一手食指先指胸部,然后掌心向下,在胸前平行转半圈。

婚礼

① 双手伸拇指，指尖相对，弯曲两下，表示婚礼中新郎、新娘相对鞠躬。
② 一手掌心朝外，食指先直立，其余四指弯曲并拢，然后食指向下弯动两下。

词汇拓展训练

受累

① 双手伸出，掌心向上，由前向后微拉，同时五指并拢握拳。
② 一手握拳敲打另一手臂，表示劳累。

国家标准

中国手语
日常会话
速成

修订版

谈天说地

日常生活中，
人与人之间需要沟通和交流，
建立良好关系的前提往往从聊天开始。
聊天气，谈喜好，
说健康，评人物，
话题多多，任你选择。

谈论天气

请扫描二维码观看演示视频

明天天气怎么样？(昨天、今天、晚上、上午、中午、下午)

明天

一手伸食指贴于太阳穴，头微偏；然后食指离开，头转正，表示睡觉过了一天，即"明天"之意（"后天"用食指、中指两个指头）。

1　2

天气

❶ 一手伸食指，指尖向上，在头一侧转动一圈。
❷ 一手打手指字母"Q"的指式，指头朝内置于鼻孔前。

1　2

怎么样？

① 双手拇指、食指成"L"形，置于脸颊两侧，上下交替动两下。
② 双手平伸，掌心向上，从中间向两侧微移一下，面露疑问的表情。
③ 一手伸食指书空"？"。

或

① 双手握拳，右拳打一下左拳，左拳不动，右拳向上翻成手掌。
② 双手拇指、食指成"L"形，置于脸部两侧，然后上下交替动几下。
③ 一手伸食指书空"？"。

词汇拓展训练

昨天

一手伸食指向肩后方点一下，表示过去的一天，即"昨天"（"前天"用食指、中指两个指头）。

今天

一手横伸，掌心向上，在腹前向下颠动两下。

或

双手伸掌，掌心向上，横于腰部，上下微动，表示"就是现在"的意思。

晚上

右手拇指与并拢的四指成90度，放在右肩，然后边做弧形下移边捏合五指，表示天色由明转暗。

上午

一手食指直立，其他四指握拳，然后边向上移动边张开。

或

右手伸食指，指尖向左，然后做弧形向上移动至直立，象征太阳逐渐升到头顶。

中午

一手食指直立,置于嘴部,其他四指握拳,然后张开。

或 在脑门打"12"。

下午

一手伸食指,指尖朝下,其他四指先握拳,然后边向下移动边张开("下午"的手语存在地域差异,可根据实际选择使用)。

或 右手食指直立于右肩部,向左侧做弧形下移,象征太阳从头顶逐渐西落。

天气很热,多喝水。(冷、暖和、干燥、潮湿)

天气

❶ 一手伸食指,指尖向上,在头一侧转动一圈。
❷ 一手打手指字母"Q"的指式,指尖朝内置于鼻孔前。

113

很热

一手五指微张,自前额向面颊部划动,象征流汗。

多

一手(或双手)侧立,五指张开,向外抖动几下,表示多(可根据实际表示多的状态)。

或

双手十指张开、微曲,在胸前微微抖动几下,同时向两旁分开。

喝水

一手五指微曲,如拿杯子状,然后放在嘴边做喝水的样子(可根据实际表示喝水的动作)。

词汇拓展训练

冷

双手握拳曲肘,小臂颤动两下,如哆嗦状,表示冷。也用于表示姓氏"冷"。

暖和

双手微曲,掌心向上,由腹部慢慢地移到胸部。

干燥

左手伸食指、中指,右手伸食指,搭成"干"字形。

潮湿

一手拇指与中指相对并捏动几下,好像指间有水分的样子,以此表示潮湿的意思。

零下3摄氏度，有雪。(晴、阴、多云、雨、雾、风、雷电、冰雹)

零
一手拇指、食指捏成圆圈，其余三指自然弯曲。

下
一手伸食指向下指。

3
一手伸出中指、无名指、小指，拇指、食指弯曲。

摄氏度
双手伸食指，一手食指在另一手食指上上下划动。

有
一手拇指、食指伸直，掌心向上，拇指不动，食指弯动几下。

雪

双手平伸,掌心向下,十指张开,边交替点动边向斜下方缓缓移动,如雪花飘落状。

或

双手做 ok 的手势,转动手腕的同时向下方移动。

词汇拓展训练

晴

一手五指并拢,掌心向外,置于额头,向一边移动的同时伸出拇指,其余四指握拳,表示天气晴朗。

1　　2

阴

一手伸出小指,指尖向上,在头前上方转一圈,表示天气不好,是阴天。

多云

❶ 双手十指张开、微曲，掌心朝上，在胸前微微抖动几下，同时向两旁分开。

❷ 右手五指微曲，在额头前转一圈，表示天上有云。

雨

一手（或双手）五指分开微曲，指尖向下，放在头一侧，上下快速动几下，象征雨点落下。

雾

双手直立，掌心向外，十指张开，在眼前交替转动。

或

一手伸掌，掌心向外，五指张开，在眼前转几圈。

风

一手（或双手）五指微曲，指尖向上，左右来回扇动。

雷电

一手伸食指，指尖朝前，在头前上方做"彡"形划动。

冰雹

① 双手十指成"匸 凵"形，虎口朝内，左右微动两下，表示结冰。
② 双手拇指、食指捏成圆形，上下交替动几下，动作要快，象征冰雹落下。

或

① 双手握拳，在胸前微微抖动，表示寒冷。
② 双手拇指、食指捏成圆形，上下交替动几下，动作要快，象征冰雹落下。

晚上有流星雨。(天、地、太阳、月亮、草原、沙漠)

晚上
右手四指并拢与拇指成90度，放在右肩，然后边缓慢做弧形下移边捏合五指，象征天色由明转暗。

有
一手拇指、食指伸直，掌心向上，拇指不动，食指弯动几下。

流星雨
双手拇指、食指分别比成"十"字形，在头上方交替向斜下方划动。

或
❶ 右手拇指、食指捏成小圆圈，在头上一顿一顿地移动几下，象征天上的星星。
❷ 右手五指分开微曲，指尖向下，放在头右侧，上下快速动几下，象征雨点落下。

词汇拓展训练

天
右手食指横伸,指尖朝右,向左做弧形移动。

或

一手伸食指,从头上做半弧形移动,象征从日出到日落,即一天的时间。

地
一手食指向下。

太阳
双手伸拇指、食指拼成大圆,从右腰侧升起到头上。

月亮
双手伸拇指、食指,相距约一寸,指尖相对,放在脑门前,然后分开向左右两端做弧形下移,同时拇指、食指间距渐小,直至相捏。

1　　2

草原

❶ 双手食指直立,手背向内,上下交替动两下。
❷ 一手横伸,掌心向下,五指并拢,从一侧向另一侧做大范围的弧形移动。

或

❶ 双手伸食指,指尖向上,交替上下动几下,象征丛生的野草。
❷ 双手平伸,掌心向下,同时向左右展开,象征广阔的平地。

沙漠

❶ 一手拇指、食指、中指互捻,如捻沙粒状。
❷ 一手横伸,掌心向下,五指并拢,从一侧向另一侧做大范围的弧形移动。

或

① 一手拇指、食指、中指互捻，如捻沙粒状。
② 双手平伸，掌心向下，向两旁展开，表示被沙覆盖的土地。

气温回升。（下降、高、低、变化）

气温

① 一手打手指字母"Q"的指式，指尖朝内置于鼻孔前。
② 双手五指微曲，掌心向上，在胸前由下向上缓缓移动。

回升

左手竖立，掌心朝右；右手食指指尖向上，贴于左手掌心由下向上移动。

词汇拓展训练

下降
双手横伸,手背向上,十指张开,边交替点动边向下移动,表示水位回落。

或
左手竖立,掌心朝右;右手食指指尖向上,贴于左手掌心由上向下移动。

高
一手平伸,掌心向下,向上举过头。

低
一手平伸,掌心朝下,往下微压。

变化
一手食指、中指直立分开,由掌心向外翻转为掌心向内。

出门记得带雨伞。（钥匙、手机）

出门

❶ 一手拇指、小指伸直，由内向外移动。
❷ 双手十指并拢，掌心向外，并排直立，模拟两扇关着的门的状态。

记得

一手打手指字母"J"的指式，并置于前额，表示记住。

带

一手五指张开，指尖朝下，边向上移动边握拳，如拿东西状（可根据实际表示拿的动作）。

或

一手握住另一手的手腕，由一侧向另一侧移动。

雨伞

右手五指微曲，掌心向下；左手伸食指放于右手五指中，然后右手五指张开，如打开雨伞的样子。

1　　2

词汇拓展训练

钥匙

左手侧立；右手拇指、食指相捏，在左手掌心上转动一下。

手机

一手五指微曲，置于耳旁，如持手机打电话状。

关窗户。(打开)

关

双手直立，掌心向外，从两侧向中间移动并互碰；也用于表示姓氏"关"。

或

双手伸掌,掌心向内,然后向外翻掌,双手并拢。

窗户

双手并排直立,掌心向外,左手不动,右手向右移动两下,如开关推拉窗状(可根据实际表示窗户的式样)。

或

一手伸直,四指分开,先横再竖划一下,形成方格状,表示窗户。

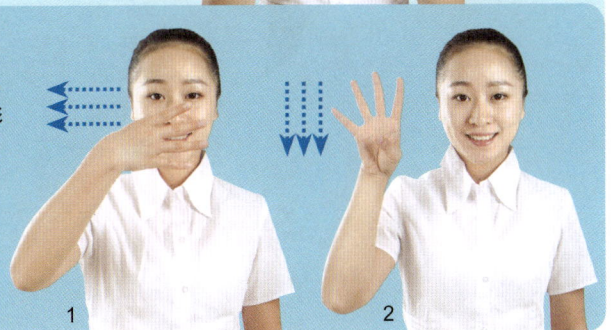

词汇拓展训练

打开

双手直立并拢,掌心向外,然后向内翻掌,双手分开。

兴趣娱乐

请扫描二维码观看演示视频

你最喜欢做什么？(兴趣)

你
一手食指指向对方。

最
左手侧立，掌心向右，右手打手指字母"A"的指式，掌心朝下，拇指指尖往左手掌心一顶。

喜欢
一手拇指、食指微曲，指尖抵于下颏，同时头微点两下。

做
双手握拳，上拳打下拳。

什么？

① 一手食指直立，掌心向外，左右晃动几下，面露疑问的表情。
② 一手伸食指书空"？"。

或

① 双手伸开，掌心向下，然后翻转为掌心向上。
② 一手伸食指书空"？"。

词汇拓展训练

兴趣

一手拇指、食指相捏，放在鼻翼边捻动，面露笑容。

我特别喜欢画画。(唱歌、跳舞、弹琴、摄影、看书)

我

一手指自己。

特别

左手横伸，手背向上，右手食指从左手小指指边向上伸出。

喜欢

一手拇指、食指微曲，指尖抵于下颏，同时头微点两下。

画画

双手横伸，掌心向上，一手在另一手的掌心上抹几下，如绘画动作。

词汇拓展训练

唱歌

双手伸拇指、食指，食指指尖对着喉部，然后同时向外移出两次，嘴张开，头随之左右晃动（可根据实际表示唱歌的样子）。

或

右手模仿握着麦克风的动作，左右来回晃两下。

跳舞

双手十指微曲张开，左手横伸，手背向上，右手直立，掌心向左，同时扭动两下手腕，模仿舞蹈的动作（可根据实际表示舞蹈动作）。

或

双手手背抵住腰部，扭动几下身体，如跳舞状。

弹琴

双手十指在胸前灵活按动。

摄影

双手拇指、食指弯曲,如持相机的样子,放于眼前,一手食指按一下,如按相机快门的动作。

看书

❶ 一手伸食指、中指,从眼部向前微伸一下。
❷ 双手掌心相合,指尖向前,然后打开,如翻书本的样子。

1 2

我报了围棋班。(象棋、报纸、玩游戏)

我

一手指自己。

报了

左手横伸,掌心朝上,右手伸中指、无名指、小指,往左手掌心一戳。

围棋

一手食指、中指相叠,指尖朝下一点,如下围棋的动作。

或

① 右手伸食指,指尖朝下,在胸前画一圈。
② 右手拇指、食指、中指捏合,指尖向下,在胸前模仿下棋的动作。

班

右手五指微曲,由胸部往下移一点,然后五指撮合。

词汇拓展训练

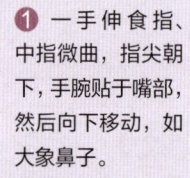

象棋

① 一手伸食指、中指微曲,指尖朝下,手腕贴于嘴部,然后向下移动,如大象鼻子。
② 双手拇指、食指捏成圆形,虎口朝上,左手在前不动,右手食指向前碰两下左手拇指。

或

① 一手食指、中指微曲,指尖朝下,自鼻部向下伸。
② 右手拇指、食指、中指捏合,指尖向下,在胸前模仿下棋的动作。

132

报纸

双手合十,放于胸前,再向左右分开,掌心朝内,如打开报纸状。

玩游戏

双手打手指字母"Y"的指式,手腕相抵,同时转动手腕即可。

你知道的动物有哪些?(猫、兔、狗、鸡、马、牛、羊、老虎、猴子)

你

一手食指指向对方。

知道的

一手食指直立,指尖朝太阳穴处敲两下,头微倾。

动物

❶ 双手打手指字母"D"的指式,在胸前画圈交替转动。
❷ 双手以食指互碰一下,然后分开并张开五指。

有

一手拇指、食指伸直,掌心向上,拇指不动,食指弯动几下。

哪些?

① 一手食指指尖向外,做波浪状移动。
② 一手五指伸直,掌心朝外,从拇指起依次弯曲五指。
③ 一手伸食指书空"?"。

词汇拓展训练

猫

双手伸中指、无名指、小指,在双腮处模仿画胡须的样子。

兔

一手食指、小指向上伸直,如兔子的两只长耳朵,并往前点两下。

狗

左手五指撮合成尖形,指尖向前不动;右手伸食指、中指,指尖分开,贴在左手手背上,模拟狗头的外形。

鸡

一手拇指、食指捏成尖形,手背贴于嘴上,指尖开合几下,表示鸡的嘴。

马

一手食指、中指直立并拢，虎口贴于太阳穴，向前微动两下，模仿马的耳朵。

或

一手食指直伸，虎口贴于太阳穴，前后微动几下，模仿马的耳朵。

牛

一手伸出拇指、小指，拇指抵于太阳穴附近，小指指尖向上，如牛角状。

羊

一手食指弯曲如钩，指尖朝前，虎口贴近太阳穴，如绵羊头上弯曲的长角。

老虎

❶ 双手搭成"王"字形并置于前额，象征虎额花纹。
❷ 双手十指弯曲如兽爪，一前一后，向前伸出，模仿抓捕猎物状。

1　　2

猴子

一手伸掌，掌心向下，五指并拢弯曲，反转过来以小指指边贴在前额，模仿猴的动作。

喜欢听歌吗？(爬山、钓鱼、看电影、打网球、旅行、烹饪)

喜欢
一手拇指、食指微曲，指尖抵于下颏，头微微点动两下。

听歌
① 一手放在耳后贴于耳部，表示在听。
② 五指张开，在胸前画波浪线，表示五线谱。

吗
一手伸食指书空"？"。

词汇拓展训练

爬山
① 双手微曲，掌心向下，一上一下，放于胸前，交替向前移动。
② 一手手背向外，拇指、食指、小指直立，如"山"字形。

钓鱼

① 双手如握鱼竿状，左手在前，右手在后，同时向上一挑。
② 一手侧立，做波浪状前移，如鱼游动状。

或

① 一手食指弯曲如钩，掌心向下，往上钩一下。
② 一手侧立，做波浪状前移，如鱼游动状。

看电影

① 一手伸食指、中指，从眼部向前微伸一下。
② 左手五指成半圆形，虎口朝上；右手五指弯曲，指尖朝左，手腕碰两下左手虎口。

或

① 一手伸食指、中指，从眼部向前微伸一下。
② 一手五指张开，掌心朝内，在前面摆动几下。

打网球

❶ 右手握拳在头顶挥动，如打网球状。
❷ 双手十指分开，交叉相叠，手背向外，然后向斜下方微移一下。然后，双手分开，比一个球形。

旅行

左手横伸，掌心向下，右手伸拇指、小指在左手手臂上随意点几下，表示到世界各地旅游。

烹饪

左手虚握拳，如手握锅把手状；右手五指并拢，指尖朝下，双手同时向后颠动两下，模仿掂勺的动作。

或

❶ 左手横伸，手背向上，不动；右手侧立，靠近左手指尖处做切菜动作。
❷ 双手十指微曲如铲，向里铲动，如炒菜状。

谈论健康

请扫描二维码观看演示视频

你脸色不太好。（憔悴）

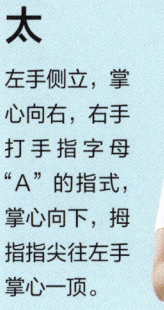

你
一手食指指向对方。

脸色
一手伸直，在脸前画半圈，再放在嘴唇前动几下。

不
一手伸直，五指分开，左右摆动几下。

太
左手侧立，掌心向右，右手打手指字母"A"的指式，掌心向下，拇指指尖往左手掌心一顶。

好

一手握拳，向上伸出拇指。

词汇拓展训练

憔悴

右手握拳，捶一下左臂肘部，面露疲劳的表情。

可能是累了。

可能

❶ 一手五指伸直，指尖向上，掌心朝外，然后拇指不动，其余四指弯动几下。
❷ 一手打手指字母"N"的指式。

是
一手食指、中指相搭,并点动一下。

累了
一手握拳敲打另一侧手臂,表现出倦容。

你怎么经常咳嗽？（喉咙痛、浑身无力）

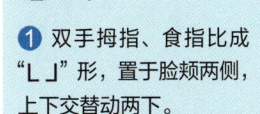

你
一手食指指向对方。

怎么
① 双手拇指、食指比成"L"形,置于脸颊两侧,上下交替动两下。
② 双手平伸,掌心向上,从中间向两侧微移一下,面露疑问的表情。

1　　2

经常

一手食指、中指伸直并拢，掌心向外，在太阳穴处碰两下。

咳嗽？

❶ 一手食指指喉部，口微张，头部点动几下，模仿咳嗽的动作。
❷ 一手伸食指书空"？"。

词汇拓展训练

喉咙痛

一手食指指一下喉部，面露痛苦的表情（"疼痛"的手语存在地域差异，可根据实际选择使用）。

浑身无力

❶ 双手掌心贴于胸部，向下移动一下，表示身体。
❷ 一手握拳曲肘，然后无力地向前一放，手张开，面露疲劳的表情。

多吃点有营养的东西。(蛋白质、脂肪)

多

一手(或双手)侧立,五指张开,向外抖动几下,表示多(可根据实际表示多的状态)。

双手十指张开、微曲,在胸前微微抖动几下,同时向两旁分开。

吃点

一手伸食指、中指,由外向嘴边拨动,模仿用筷子吃饭的样子。

有营养的

① 一手拇指、食指伸直,掌心向上,拇指不动,食指弯动几下。
② 左手伸食指,右手五指收拢贴于左手手背,往上移动的同时放开五指。

或

❶ 一手拇指、食指伸直，掌心向上，拇指不动，食指弯动几下。
❷ 左手拇指、食指捏成圆形，虎口朝上；右手收拢拇指、无名指、小指，食指、中指并拢弯曲，指尖朝下，在左手拇指处向外拨动两下。

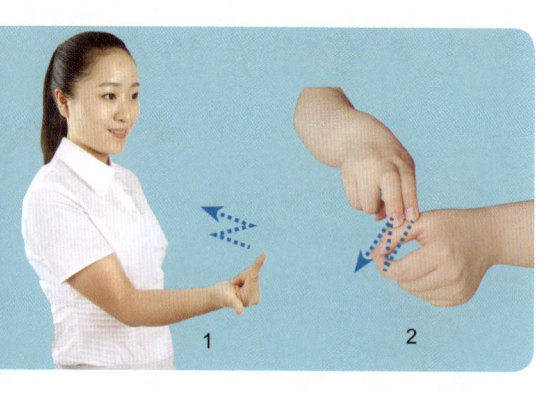

东西

双手以食指互碰一下，然后分开并张开十指。

词汇拓展训练

蛋白质

❶ 双手拇指、食指搭成椭圆形，指尖再向下一甩，模仿打蛋的动作。
❷ 一手五指弯曲，掌心向外，指尖弯动两下。
❸ 左手握拳；右手食指、中指横伸，指背交替弹打左手手背。

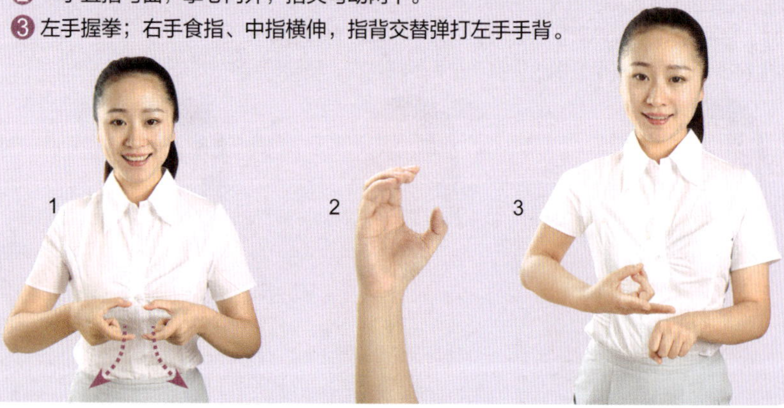

或
① 双手拇指、食指搭成椭圆形,指尖向下一甩,模仿打蛋的动作。
② 右手先从左手手背上划一下,然后右手手臂直立并打出手指字母"B"的指式。

脂肪
左手横伸,掌心向下;右手五指成"コ"形,指尖朝前,贴于左手掌心,然后左右微动两下,表示皮下脂肪。

或
左手横伸,掌心向下;右手五指成"コ"形,放在左手上面,向右移动。

注意多休息。

注意
一手食指、中指分开,放于眼前,指尖向前点动两下,表示注意。

多

一手（或双手）侧立，五指张开，向外抖动几下，表示多（可根据实际表示多的状态）。

或

双手十指张开、微曲，在胸前微微抖动几下，同时向两旁分开。

休息

双手交叉贴于胸前拍两下，表示休息。

坚持做体检。(化验、心理咨询)

坚持

❶ 一手食指指尖抵于腮部，面露坚定的神态。

❷ 双手食指指尖相对，向下做斜向移动，表示持续下去。

做体检

❶ 双手掌心朝内，贴于胸部，向下微移，象征身体。
❷ 双手拇指、食指、中指相捏，在胸前交替上下移动，模仿查看物件的样子。

词汇拓展训练

化验

双手虚握拳，互相重叠，贴于眼部，同时双拳微微转动，模仿化验时用显微镜观察物体的动作。

心理咨询

❶ 双手搭成心形置于胸部。
❷ 一手打手指字母"L"的指式。
❸ 一手五指微曲，掌心向外，从嘴前向外微移两下。

或

❶ 双手搭成心形置于胸部。
❷ 一手打手指字母"L"的指式。
❸ 双手食指交替前后动两下。

希望你快点好起来。

希望
一手打手指字母"X"的指式,先置于太阳穴附近,然后向外挥动。

你
一手食指指向对方。

快点
一手拇指、食指相捏,从一侧向另一侧做快速挥动,象征物体运动速度很快。

1　2

好起来
❶ 一手握拳,向上伸出拇指。
❷ 双手平伸,掌心向上,指尖朝前,同时向上抬起,表示"起来"。

1　2

评价人物

请扫描二维码
观看演示视频

那个人的性格怎么样？(高傲、急躁、马虎)

那个人的
① 一手食指向外指。
② 双手食指搭成"人"字形。

性格
① 左手食指直立；右手食指、中指横伸，指背交替弹打左手食指背。
② 双手十指张开，相叠成方格形，然后左手不动，右手向下移。

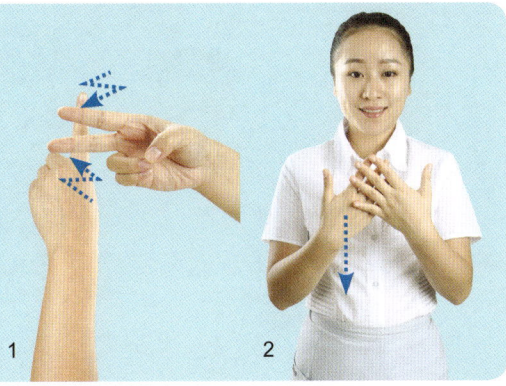

或

❶ 一手掌心向上，并用食指、中指弹打另一手握拳的拳背。
❷ 双手十指张开，相叠成格子形，然后向两侧分开。

怎么样？

❶ 双手拇指、食指成"L"形，置于脸颊两侧，上下交替动两下。
❷ 双手平伸，掌心向上，从中间向两侧微移一下，面露疑问的表情。
❸ 一手伸食指书空"？"。

或

❶ 双手握拳，右拳打一下左拳，左拳不动，右拳向上翻成手掌。
❷ 双手拇指、食指成"L"形，置于脸部两侧，然后上下交替动几下。
❸ 一手伸食指书空"？"。

词汇拓展训练

高傲
双手伸出拇指,在胸前同时上下移动几下。

急躁
双手十指弯曲,指尖靠胸,上下交替移动,面露焦急的表情。

马虎
一手五指张开,掌心向下,拇指抹一下鼻尖,然后手向前下方甩动,重复一次,表示做事马虎潦草。

或
一手五指张开,在脸前左右移动几下。

内向。(外向、冷淡、智慧)

内向

① 左手横立，手背朝外；右手伸食指，指尖向上，在左手掌内由上向下移动，表示里面。
② 一手侧立，指尖向前，手臂向前伸一下。

词汇拓展训练

外向

① 左手横立，手背朝外，右手伸食指，指尖向下，在左手手背外向下指，表示外面。
② 一手侧立，指尖向前，手臂向前伸一下。

冷淡

一手四指微曲，指背贴于脸颊，脸上流露冷淡的表情。

智慧

一手食指抵于太阳穴一侧,然后张开五指。

或

右手五指微曲,拇指、中指捏动几下,然后在太阳穴旁五指张开。

我很喜欢你的性格。(为人、价值观)

我
一手指自己。

很
一手臂横伸于胸前,拇指指尖抵于食指根部,食指伸直,其余三指并拢弯曲,向下一沉。

喜欢

一手拇指、食指微曲,指尖抵于下颏,同时头微点两下。

你的

一手食指指向对方。

性格

❶ 左手食指直立;右手食指、中指横伸,指背交替弹打左手食指背。
❷ 双手十指张开,相叠成方格形,然后左手不动,右手向下移。

或

❶ 一手掌心向上,并用食指、中指弹打另一手握拳的拳背。
❷ 双手十指张开,相叠成格子形,然后向两侧分开。

词汇拓展训练

为人

① 一手伸拇指、食指,掌心朝左,向右转动一下手腕。
② 双手食指搭成"人"字形。

价值观

① 右手食指、中指分开,在左臂上横划两下。
② 一手食指、中指分开,指尖朝前,在面前转动一圈。

或

① 双手做成"介"的形状往前一顿。
② 左手拇指、食指捏成小圆圈,右手食指碰两下圆圈边沿。
③ 一手伸食指、中指,从眼部向前微伸一下。

你的优点是什么？(缺点)

你的
一手食指指向对方。

优点
左手斜伸，掌心朝上，右手伸拇指，点一下左手掌心，然后抬起。

1

2

是
一手食指、中指相搭，点动一下。

什么？

① 一手食指直立，掌心向外，左右晃动几下，面露疑问的表情。
② 一手伸食指书空"？"。

或

① 伸出双手，先掌心向下，然后翻转为掌心向上。
② 一手伸食指书空"？"。

词汇拓展训练

缺点

左手横伸，掌心向上，右手伸食指，点一下左手掌心后收回，同时伸出小指。

或

左手斜伸，掌心朝上，右手伸小指，点一下左手掌心，然后抬起。

我喜欢和人交朋友。(警察、律师、总统、总理、书记、秘书、状元)

我
一手指自己。

喜欢
一手拇指、食指微曲,指尖抵于下颏,头微微点动两下。

和
双手掌心相对,从两侧向中间合拢。

人
双手食指搭成"人"字形。

交朋友
双手伸拇指互碰几下,表示友谊。

词汇拓展训练

警察

一手手腕贴于前额,五指撮合,然后开合两下,表示警察的帽徽。

1　2

律师

❶ 左手平伸;右手伸中指、无名指、小指,表示法字的"氵"旁,手背向上,三指指尖在左手掌心上点一下。
❷ 一手伸拇指贴于胸前。

1　2

或

❶ 右手五指并拢,指尖朝上,掌心朝左,立于胸前,往右移动的同时顿三下。
❷ 一手伸拇指贴于胸前。

1　2

总统

❶ 右手横立，五指张开微曲，边向左做弧形移动边握拳。
❷ 一手伸拇指、食指、中指，食指、中指直立并拢，拇指指尖抵于前额。

或

❶ 双手十指微曲，指尖向下，置于身体两侧，向上移动的同时双手靠拢，并分别撮合五指，表示总揽工作之意。
❷ 右手掌心向内，在胸前转一圈，然后握拳，表示总管一切工作。

总理

❶ 双手十指微曲，指尖向下，置于身体两侧，向上移动的同时双手靠拢，并分别撮合五指，表示总揽工作之意。
❷ 一手伸拇指、食指、中指，食指、中指直立并拢，拇指指尖抵于前额。

或

① 双手十指微曲，指尖向下，置于身体两侧，向上移动的同时双手靠拢，并分别撮合五指，表示总揽工作之意。
② 一手打手指字母"L"的指式。

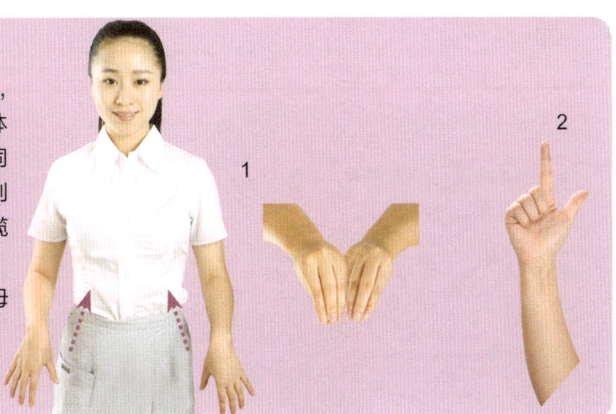

书记

① 双手掌心相合，指尖向前，然后向两边摊开，如翻书状。
② 一手打手指字母"J"的指式，并置于前额，表示记住之意。

秘书

① 一手打"10"的手势贴于嘴唇上，表示机密之意。
② 双手掌心相合，指尖向前，然后向两边摊开，如翻书状。

状元

① 双手伸食指、中指，其余三指并拢，掌心向头并贴于头两侧，象征状元帽上的两只花翎。
② 双手指尖抵于头两侧，象征乌纱帽。

161

国家标准

**中国手语
日常会话
速成**
修订版

聚会用餐

找个周末,
邀三五好友,
吃吃饭,聊聊天;
逢节假日,
常回家看看,
与父母、孩子一家人聚在一起,
其乐融融。

邀请朋友来做客

请扫描二维码
观看演示视频

周末有时间聚一聚吧。

周末
左手伸直，掌心朝右，指尖向上不动；右手拇指、食指、中指相捏，其余两指弯曲，打"7"的手势，与左手碰一下。

有
一手拇指、食指伸直，掌心向上，拇指不动，食指弯动几下。

时间
一手伸出拇指、食指，拇指指尖抵住另一手掌心，食指向下转动，象征钟表的时针在转动。

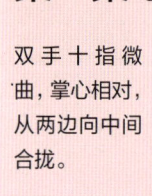

聚一聚吧
双手十指微曲，掌心相对，从两边向中间合拢。

谢谢您的邀请,早就想去拜访了。

谢谢
一手伸出拇指,弯曲两下,表示感谢。

您的
一手食指指向对方。

邀请
左手平伸,掌心朝上;右手打手指字母"A"的指式,置于左手掌心,然后双手一起往前或往后顿一下(可根据实际决定手的移动方向)。

早
一手五指相捏,手背朝上,缓缓抬起,同时五指放开。

就
一手打手指字母"J"的指式，并打另一手掌心。

想
一手食指置于太阳穴处转动，做出动脑思索的神情。

去
一手拇指、小指伸直，掌心朝内，放于胸前，然后由内向外移动。

拜访了
一手伸拇指、小指绕一圈，象征走访。

这是一个小礼物，请收下。

这
一手食指向下点两下。

是
一手食指、中指相搭，并点动一下。

一个

① 右手伸出食指，其余四指弯曲。
② 左手拇指、食指与右手食指搭成"个"字形。

小

一手拇指捏小指指尖。

礼物

① 左手横伸，掌心向上；右手五指撮合，指尖朝下，置于左手掌心，双手同时向前移动。
② 双手伸食指，其余手指弯曲，食指指尖朝前，先互碰一下，再分开并张开十指。

或

① 一手食指先直立，掌心朝外，再向下弯动两下。
② 双手食指指尖朝前，先互碰一下，再分开并张开十指。

请

双手掌心向上，在腰部向旁移，表示邀请之意。

收下

双手十指伸开，从外向里移动，同时手指收拢成拳。

实在不敢当，您真是太客气了。

实在不敢当

一手伸直，五指分开，左右摆动几下。

您

一手食指指向对方。

真是

① 一手食指弹打一下另一手食指。
② 一手食指、中指相搭，并点动一下。

太

左手侧立，掌心朝右，右手打手指字母"A"的指式，掌心朝下，拇指指尖往左手掌心一顶。

客气了

① 双手平伸，掌心向上，同时向一侧移动一下。
② 一手打手指字母"Q"的指式，指尖朝内，置于鼻孔处。

或 双手掌心向上，左右微动几下，上身略往前倾，表现谦虚待人的样子。

谢谢您的款待。

谢谢
一手伸出拇指，弯曲两下，表示感谢。

您的
一手食指指向对方。

款待
① 左手平伸，掌心朝上，右手打手指字母"A"的指式置于左手掌心，然后双手一起往前顿一下。
② 一手伸食指、中指，模仿吃饭的动作。

有空来我家玩吧。

有空
❶ 一手拇指、食指伸直，掌心朝上，拇指不动，食指弯动几下。
❷ 一手伸出拇指、食指，拇指指尖抵住另一手掌心，食指向下转动，象征钟表的时针在转动。（另一种常见打法见视频。）

来
一手掌心向下，由外向内挥动。

我家
❶ 一手指自己。
❷ 双手搭成"∧"形，如屋顶状。

玩吧
双手伸拇指、小指，顺时针平行交替转动一圈。

或
双手伸出拇指、小指，交替转动。

相约吃饭

请扫描二维码
观看演示视频

肚子有点饿,找个地方吃点东西吧。

肚子
一手手掌在腹部拍两下。

有点
❶ 一手拇指、食指伸直,掌心朝上,拇指不动,食指弯动几下。
❷ 左手横伸,右手食指在左手掌心上点一下。

饿
一手捂在胃部,上身微向前倾,面露饥饿的神态。

找个
❶ 一手食指、中指伸出,边转动边由一侧移向另一侧,目光随之移动。
❷ 左手拇指、食指与右手食指搭成"个"字形。

地方

❶ 一手食指向下一指。
❷ 双手伸拇指、食指，拼成方形。

吃点

❶ 一手伸食指、中指，由外向嘴边拨动，模仿用筷子吃饭的样子。
❷ 左手横伸，右手食指在左手掌心上点一下。

东西吧

双手掌心朝下，食指先互碰一下，然后分开并张开五指。

吃快餐吗？(油条、点心、饮料、啤酒、包子)

吃

一手伸食指、中指，由外向嘴边拨动，模仿用筷子吃饭的样子。

快餐

❶ 一手拇指、食指捏成圆形，从一侧向另一侧做快速划动。
❷ 左手横伸，掌心向上；右手伸食指、中指，由外向嘴边拨动。

或

❶ 一手拇指、食指相捏，从一侧向另一侧做快速挥动。
❷ 一手伸食指、中指由外向嘴边拨动，表示吃饭。

吗？

一手伸食指书空"？"。

👉 **词汇拓展训练**

油条

❶ 一手拇指、食指比成"十"字形,置于鼻翼一侧,微转两下。
❷ 双手拇指、食指、中指相捏,指尖相对,边向两边拉开边转腕。

1　　2

或

❶ 一手伸拇指、小指,拇指指尖向下绕一圈,如持油壶倒油的样子。
❷ 双手拇指、食指、中指相捏,指尖相对,边向两边拉开边扭转,模仿炸油条的动作。

1　　2

点心

左手五指微曲,掌心向上;右手拇指、食指捏成小圆圈置于左手掌心上,然后放在嘴边,做咬的动作。

饮料

① 一手五指成半圆形，如拿杯子状，模仿喝水的动作。
② 双手伸食指，其余手指弯曲；食指指尖朝前，先互碰一下，再分开并张开十指。

或
一手成半圆形，做举杯喝饮料的动作。

啤酒

① 右手横立，微握成半圆形，左手五指微曲，指尖朝下置于右手上方，然后五指边微微抖动边向上微移，如啤酒的泡沫。
② 一手打手指字母"J"的指式放在嘴边，做喝酒状。

包子

一手五指向下，在另一手掌心上抓一下，然后转动五指的同时提起，模仿包包子的动作。

去川菜馆。

去
一手拇指、小指伸直,由内向外移动。

川
一手伸中指、无名指、小指,指尖向下,如"川"字形。

菜
双手分别五指撮合(或一手五指撮合),指尖向上,向上伸出的同时放开手指。

馆
双手搭成"∧"形。

今天我请客。(AA制)

今天
一手横伸,掌心向上,在腹前向下颠动两下。

或
双手伸掌,掌心朝上,横于腰部,上下微动,表示就是现在的意思。

我

一手指自己。

请客

❶ 左手平伸；右手握拳伸拇指，置于左手掌心上，双手同时向内移动。
❷ 一手拇指、食指捏成圆形，虎口朝前斜上方，从腰部向前移出，表示掏钱。

或

❶ 左手平伸；右手打手指字母"A"的指式，置于左手掌心，双手一起往前顿一下。
❷ 一手打手指字母"K"的指式。

词汇拓展训练

AA制

❶ 拇指伸出，指尖向上，其余四指握拳，打手指字母"A"的指式，做两次。
❷ 一手伸食指、中指、小指，打手指字母"ZH"的指式。

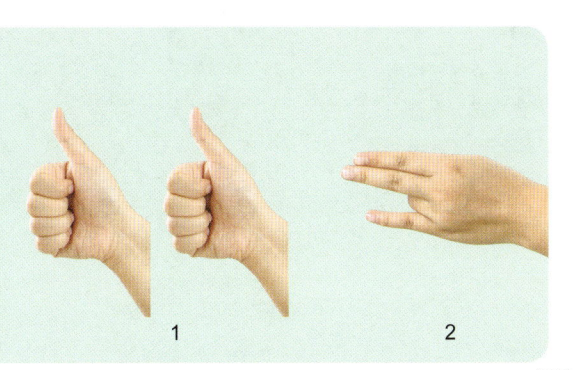

餐馆点菜

请扫描二维码
观看演示视频

请点菜。

请
双手掌心向上，在腰部向旁移，表示邀请之意。

点
左手横伸，掌心朝上；右手食指在左手掌心上点一下。

菜
双手分别五指撮合（或一手五指撮合），指尖向上，向上伸出的同时放开手指。

1

2

有什么特色菜？

有
一手拇指、食指伸直，掌心朝上，拇指不动，食指弯动几下。

什么
双手伸开，掌心向下，然后翻转为掌心向上。

特色
❶ 左手横伸，手背向上，右手食指从左手小指边向上伸出。
❷ 五指张开，置于下颏处，同时抖动五指。

菜？
❶ 双手分别五指撮合（或一手五指撮合），指尖向上，向上伸出的同时放开手指。
❷ 一手伸食指书空"？"。

我要一个汉堡，一份水果。

我
一手指自己。

要
一手平伸，掌心向上，指尖朝外，由外向内微微拉动。

一个
一手伸出食指，其余四指弯曲。

汉堡
双手搭成"匚 ㄇ"形，指尖相对捏动几下，象征松软的面包。

一份
一手伸出食指，其余四指弯曲。

水果

1. 一手食指指一下嘴唇。
2. 双手拇指、食指搭成圆形。

或

1. 一手平伸于胸部，掌心向下，向旁做波浪状移动，即"水"的手势。
2. 双手拇指、食指搭成圆形。

给我一份烤肉，不要太辣。

给我

手平伸，掌心朝上，朝胸口移动，指尖由朝外转为朝内（可根据实际表示给的动作）。

一份

一手伸出食指，其余四指弯曲。

烤肉

① 左手微曲，掌心朝上，比作一锅；右手指尖都朝上，手指同时抖动，如火苗跳跃状，就好像在左手锅下面烤着的火。
② 一手拇指、食指捏另一手小鱼际的部位。

不

一手伸直，五指分开，左右摆动几下。

要

一手平伸，掌心向上，指尖朝外，由外向内微微拉动。

太

左手侧立，掌心朝右，右手打手指字母"A"的指式，掌心朝下，拇指指尖往左手掌心一顶。

辣

一手伸拇指、食指,食指指尖朝上,拇指指尖碰两下颊部,面露难受的表情(可根据实际表示辣的状态)。

或 一手五指并拢,指尖对着嘴部,然后手指张开,嘴微动,脸露被辣到的表情。

我想要清淡点的,能否推荐一下?

我
一手指自己。

想要
❶ 一手食指置于太阳穴处转动,表现动脑思索的神情。
❷ 一手平伸,掌心向上,指尖朝外,由外向内微微拉动。

清淡点的
❶ 左手横伸,掌心朝上,指尖向右;右手抹一下左手掌,然后四指并拢,拇指指尖向上。
❷ 右手拇指和中指相捏,做个兰花指弹一下,同时往下一顿。

能

一手五指伸直,指尖向上,掌心朝外,然后拇指不动,其余四指弯动几下。

否

一手伸直,掌心朝外,左右摆动几下。

推荐一下?

❶ 一手掌心贴于另一手拇指指背,向前一推。
❷ 左手拇指、食指与另一手食指、中指搭成"介"字形,向外稍移,表示向人介绍。
❸ 一手伸食指书空"?"。

感觉口渴了。(饿、饱、米饭、炒菜)

感觉

① 一手捂于胸部。
② 一手食指指在太阳穴处，同时头微抬起，脸上露出一种觉悟的表情。

口渴了

一手拇指、中指相捏，指尖朝内，置于喉部，然后开合两下，嘴同时张开，面露饥渴的表情（可根据实际表示渴的状态）。

或

一手伸出五指，指尖向上，掌心向内，用四指自上而下摸喉部，并露出口渴的表情。

词汇拓展训练

饿

一手捂在胃部，上身微向前倾，脸部显出饥饿的神态。

饱

一手五指并拢，掌心向下，自下向上移到喉部，表示吃饱了。

米饭

❶ 一手拇指、食指相对，放于嘴角，中间留有米粒大小的距离。
❷ 一手伸食指、中指，模仿用筷子吃饭的动作。

炒菜

❶ 双手五指微曲如铲，向里反复铲动，如炒菜状。
❷ 双手分别五指撮合，指尖向上，向上伸出的同时放开手指。

再添一双筷子。(勺子、杯子、碗、餐巾)

再

右手拇指、食指、中指相捏，手背向外，边向左侧移动边伸出食指、中指。

或

右手握拳，往左甩的同时弹出食指、中指。

添

一手拇指、食指先握成圆形，移贴到另一手掌心上。

一双

一手伸出食指，其余四指弯曲。

筷子

一手伸出食指、中指夹动几下。

1　2

词汇拓展训练

勺子

① 一手拇指、食指相捏，向嘴部划动一下。
② 左手拇指、食指捏成圆形；右手伸食指，指尖抵于左手拇指、食指指尖。

1　2

或

右手做用勺吃饭的动作。

杯子

① 一手五指成半圆形，如拿杯子状，模仿喝水的动作。
② 另一手五指也成半圆形，双手上下相叠，表示杯子。

或

双手分别成半圆形叠在一起，下手不动，上手向上稍移，如一只杯子。

碗

① 一手伸食指、中指，由外向嘴边拨动，如用筷子吃饭状。
② 双手拇指、食指搭成圆形，从下向上逐渐略微放大，如碗的形状。

或

双手拇指、食指搭成圆形，从下向上逐渐略微放大，如碗的形状。

餐巾

① 右手做抹嘴的动作。
② 双手食指在胸前画"▽"形。

请帮我打车。

请
双手掌心向上，在腰部向旁移，表示邀请之意。

帮我
❶ 双手伸掌拍动两下胸部。
❷ 一手指自己。

打车
一手食指指尖朝前，中指弯曲，指尖抵于食指，向前移动。

国家标准

中国手语
日常会话
速成

修订版

日常生活

居家过日子，
离不开吃饭、穿衣、做家务，
商场购物、去银行。
生活虽平凡，
亦能让快乐常驻，
我爱我家，
我爱生活。

饮食起居

请扫描二维码
观看演示视频

穿好衣服。

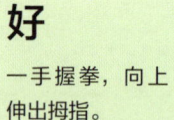

穿
模仿穿衣的具体动作（穿鞋、穿袜、穿针引线等均模仿具体动作）。

好
一手握拳，向上伸出拇指。

衣服
右手食指、拇指捏住右肩偏下一点的衣服，前后动两下。

我平时醒得特别早。

我
一手指自己。

平时
① 左手横伸,掌心向下;右手掌心向下,在左手手背上向右划动一下。
② 左手侧立;右手伸拇指、食指,拇指指尖抵于左手掌心,食指向下转动。

醒得
头侧向一边,眼先闭上,右手拇指、食指相捏置于眼角处,然后两指和眼睛同时张开,头抬正(可根据实际表示醒的状态)。

特别
左手横伸,手背向上;右手食指从左手小指边向上伸出。

早

一手四指与拇指相捏，手背向上横放于胸前，然后缓缓向上抬起，五指逐渐张开，象征天色由暗转明。

1　　2

吃饭前要洗手。（刷牙、洗头、洗脸、洗衣服）

吃饭

一手伸食指、中指，由外向嘴边拨动，模仿用筷子吃饭的动作。

前

一手伸食指，指尖朝前一指。

或

双手横伸，左手掌心向下，右手掌心向上，右手自左手掌背向上抬一下。

要
一手平伸，掌心向上，由外向里微微拉动。

洗手
双手互搓，模仿擦肥皂的动作。

词汇拓展训练

刷牙
一手伸食指在嘴边来回移动，模仿刷牙的动作。

洗头
一手五指或双手十指张开，在头发上随意转动几下，头微低，模仿洗头的动作（可根据实际表示洗头的动作）。

洗脸
一手或双手食指、中指、无名指、小指并拢，掌心向内，在面部转动一（或两）圈，模仿洗脸的动作（可根据实际表示洗脸的动作）。

洗衣服
模仿洗衣服的动作。

饭菜做好了,等孩子回来就可以吃饭了。

饭菜
一手伸食指、中指,由外向嘴边拨动,模仿用筷子吃饭的动作。

做
双手握拳,上拳打下拳。

好了
① 右手握拳,向上伸出拇指。
② 右手再向下一甩,表示"完了""好了"。

等
一手手背贴于下颏,表示张望、等候之意。

孩子
一手平伸,掌心向下,在胸前向下微按(根据小孩不同的身高而决定手的高低)。

回来

右手伸拇指、小指，掌心朝左，由外向内移动至掌心朝内，表示返回。

就

一手打手指字母"J"的指式，并打另一手掌心。

可以

一手五指伸直，指尖向上，然后拇指不动，其余四指弯动几下。

吃饭了

一手伸食指、中指，由外向嘴边拨动，模仿用筷子吃饭的动作。

晚上看会儿电视，洗个澡就睡觉了。
(短视频)

晚上

右手四指并拢与拇指成90度，放在右肩旁，然后缓慢做弧形下移，同时五指捏合，象征天色由明转暗。

看会儿

一手伸食指、中指,从眼部向前微伸一下。

电视

左手伸拇指、食指,手背向外,食指指尖朝右;右手横立,五指张开,在左手食指上上下晃动两下。

或 一手五指张开,掌心向内,在面前摆动几下,象征屏幕上画面不断交换。

就

一手打手指字母"J"的指式,并打另一手掌心。

睡觉了

一手掌心捂于头一侧,头微侧倾,闭眼,如睡觉状。

词汇拓展训练

短视频

① 双手食指直立,掌心向前,从两侧向中间移动。

② 双手伸拇指、食指、中指,食指、中指并拢,指尖相对,表示两架摄像机拍摄视频和视频聊天的意思(可根据实际表示拍摄视频的场景)。

教你包饺子。(煮、炒、炸)

教

双手分别五指撮合,指尖相对,在胸前摇动几下,即"传授"之意。

你

一手食指指向对方。

包饺子

双手拇指、食指相捏,一手在下不动,另一手在上边捏边移动,如捏合饺子状。

词汇拓展训练

煮
① 一手食指指一下嘴唇。
② 左手横伸，掌心向下，五指交替点动；右手平伸，五指微曲，指尖朝上，在左手下上下微动几下（可根据实际表示煮、熬的状态）。

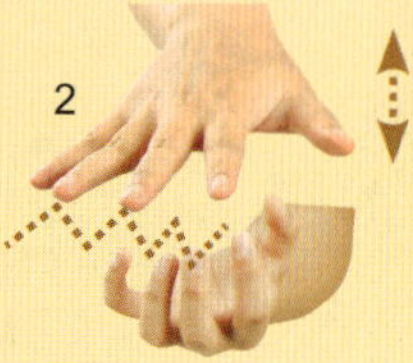

或
双手五指微曲，指尖向上，上下动几下，如用火煮物。

炒
双手十指或一手五指微曲如铲，向里反复铲动，如炒菜状。

炸
① 一手伸拇指、小指，拇指指尖朝下，转动一圈，如持油壶倒油状。
② 一手食指、中指分开，指尖朝下，手腕转动两下，如翻动锅中的油炸食品状。

或
① 一手伸拇指、小指，拇指指尖向下，转动一圈，如持油壶倒油状。
② 双手分别五指相捏，指尖相对，然后向外做爆炸状放开五指。
③ 一手伸出食指、中指，转动手腕，如拿着筷子翻动食品状。

喝点热汤，身上就暖和多了。(粥、饭)

喝点
一手五指微曲，如拿杯子状，然后放在嘴边做喝水状。

热汤
① 一手五指微张，自前额向面颊部划动，象征流汗。
② 拇指、食指相捏，如持汤匙送向口边，做喝汤状。

身上
双手掌心朝内，贴于胸部，向下微移，象征身体。

就
一手打手指字母"J"的指式，并打另一手掌心。

暖和
双手微曲，掌心向上，由腹部慢慢地移到胸部。

多了
双手五指伸开、微曲，微微抖动几下，同时向两旁分开。

词汇拓展训练

粥

左手拇指、食指成半圆形,虎口朝上;右手手指微曲,掌心向上,由外向嘴部拨动,口微张,模仿喝粥的动作。

或

左手五指微曲,掌心向上,象征碗,将"碗"靠近嘴边;右手伸食指、中指,在"碗"边拨动,如喝粥状。

饭

❶ 一手拇指、食指相对,中间留有米粒大小的距离。
❷ 伸食指、中指由外向嘴部拨动,模仿吃饭的动作。

1　　2

把房间打扫一下。(倒垃圾、擦桌子、刷碗)

把

右手五指张开,如抓物状,收回五指的同时往胸前顿一下。

房间

双手搭成"∧"形,如屋顶状。

打扫一下

一手五指向下，来回扫动，模仿扫帚扫地的动作。

词汇拓展训练

倒垃圾

❶ 右手伸拇指、小指，掌心先向左，然后向下。
❷ 左手掌心向上平伸，右手指尖向下，在左手掌心做扫地动作。

擦桌子

❶ 一手握拳，平行来回移动。
❷ 双手平伸，掌心向下，从中间向两侧平移，再向下折，成"⌐⌐"形，如桌子状。

刷碗

左手做个半圆，右手在半圆内画圈，模仿刷碗的动作。

好热啊,打开电风扇吧。(冰箱、空调)

好热啊
一手五指微张,自前额向面颊部划动,象征流汗(可根据实际情况模仿热的状态)。

打开
双手并拢,掌心向外,然后向内翻掌,双手分开。

电风扇吧
左手横伸;右手肘部抵于左手掌心上,五指微曲张开,指尖朝外,然后腕部旋转几下,如电风扇摇头工作状(可根据实际情况表示电风扇工作的状态)。

或

❶ 一手食指向空画"闪电"形,象征电。

❷ 一手五指张开、微曲,指尖向外,其肘抵于另一手掌心上;然后旋转几下手腕,模仿落地扇的外形。

词汇拓展训练

冰箱

❶ 一手食指、中指、无名指、小指弯曲,指背贴于脸颊。
❷ 左手直立,掌心向右;右手虚握拳,虎口朝上,由内向外拉动,模仿开冰箱门的动作(可根据实际情况表示电冰箱的开门动作)。

或

❶ 先双手握拳,在胸前微微抖动,表示冷。
❷ 双手平伸,掌心向下,从中间向两侧平移,再向下折,成"⌐⌐"状,如冰箱外形。

空调

双手手指伸直,左手横立,掌心向内,右手掌心向下,其四指插进左手中指与无名指中间抖动。

把拖鞋拿过来。(镜子、毛巾、脸盆)

把

右手五指张开,如抓物状,收回五指的同时往胸前顿一下。

拖鞋

左手平伸，五指张开，掌心向下；右手伸食指，指尖朝下，在左手食指、中指指缝间向后移动一下，表示人字拖鞋前面的鞋绊儿（可根据实际表示拖鞋的样式）。

或

双手食指、中指搭成"#"形，动几下。

拿

一手向下微抓，如拿物状，然后向上提起。

1　2

过来

右手平伸，掌心朝上，朝胸口移动，指尖朝内。

词汇拓展训练

镜子

一手伸直，掌心和面部相对，晃动几下，模仿照镜子的动作。

毛巾

① 双手（或一手）在脸前转一圈，如洗脸状。
② 双手侧立，掌心相对如毛巾宽度，然后向后微拉。

1　2

脸盆

① 双手（或一手）在脸前转一圈，如洗脸状。
② 双手伸拇指、食指搭成大圆形，如脸盆大小。

把被子叠起来。（褥子、床单、枕头）

把
右手五指张开，如抓物状，收回五指的同时往胸前顿一下。

被子
双手成"匚 ㄱ"形，从腹部移至胸部，模仿盖被子的动作。

叠起来
双手平伸，掌心朝上，先右手往里折，然后左手再往里折，模仿叠被子的动作。

词汇拓展训练

褥子
❶ 双手食指、小指向上伸直,拇指自然微曲,中指、无名指与掌成直角,指尖相触,搭成床的形状。
❷ 双手成"匚 ⊐"形,向两边拉开,象征褥子。

床单
❶ 双手食指、小指向上伸直,拇指自然微曲,中指、无名指与掌成直角,指尖相触,搭成床的形状。
❷ 双手平伸,掌心向下,由中间向两旁移动,再向下折,模仿铺床单的动作。

枕头
❶ 一手手掌贴于脑后,头稍向后仰。
❷ 双手成"匚 ⊐"形,指尖相对,虎口朝内,捏动两下。

或

❶ 一手掌心贴在脸上,头微侧,眼微闭,如睡觉状。
❷ 双手十指微曲,手背向上,先往两旁移动,再微向下折,象征枕头。

家的美好

请扫描二维码观看演示视频

我们家在5号楼2单元1701，从楼上看远处的风景很美。

我们家

① 一手食指先指胸部，然后掌心向下，在胸前平行转一圈。
② 双手搭成"∧"形，如屋顶状。

在

一手伸出拇指、小指，坐于另一手掌心上。

5号楼

❶ 一手五指一齐伸出。
❷ 一手拇指与四指做"L"形,虎口靠近嘴边,张开嘴,做喊叫状。
❸ 双手侧立,掌心相对,指尖朝前,向上移动,象征高楼。

2单元

❶ 一手伸出食指、中指,其余三指弯曲。
❷ 右手伸食指,指尖向上,在左肩前碰两下。
❸ 拇指、食指捏成一个较大的圆形。

1

一手伸出食指,其余四指弯曲。

7

一手拇指、食指、中指相捏,其余两指弯曲。

0

一手拇指、食指相捏成圆圈,其余三指自然弯曲。

1

一手伸出食指,其余四指弯曲。

从

双手食指、中指搭成"从"字形。

楼上

① 双手侧立,掌心相对,指尖朝前,向上移动,象征高楼。
② 一手伸食指向上指。

看

一手伸食指、中指,从眼部向前微伸一下。

远处的

一手食指伸直,拇指按于食指根部,其余三指弯曲,掌心朝上,向前方移动,表示"远"的意思。

风景

① 一手五指微曲,指尖朝上,左右来回扇动。
② 掌心向内,在面前转动一圈(或从一侧向另一侧做弧形运动)。

很美

① 一手掌心向上,拇指指尖抵于食指根部,食指伸直,其余三指弯曲,向下一沉。
② 伸食指、中指,先置于鼻部,然后下移并收拢,掌心朝左,伸出拇指,表示美丽、漂亮、好看的意思。

这个小区的绿化很好。(电梯)

这个
一手食指向下指点两下。

小
一手拇指捏小指指尖。

区的

左手做"匚"形，右手打手指字母"X"的指式，搭成"区"字形。

绿化

右手打手指字母"L"的指式，同时转动两下手腕，再打手指字母"H"的指式，向右移动一下。

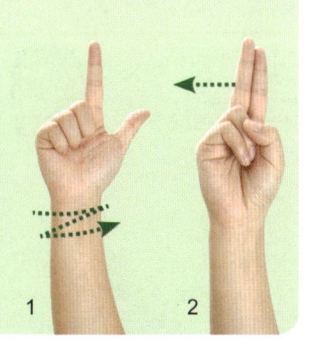

很好

❶ 一手手臂横伸于胸前，且拇指指尖抵于食指根部，食指伸直，其余三指并拢弯曲，向下一沉。
❷ 握拳，向上伸出拇指。

词汇拓展训练

电梯

❶ 一手食指书空"彡"形。
❷ 右手伸拇指、小指，掌心朝内，小指直立在左手掌心上，上下移动几次，如乘电梯状。

或

右手伸拇指、小指，掌心朝内，小指直立在左手掌心上，上下移动几次，如乘电梯状。

这是书房，可以上网。（厨房、卫生间）

这
一手食指向下指，点两下。

是
一手食指、中指相搭，并点动一下。

书房
① 双手掌心相合，再打开来，如翻书状。
② 双手搭成"∧"形，如屋顶状。

可以
一手五指伸直，指尖向上，掌心向外，然后拇指不动，其余四指弯动几下。

上网
① 一手伸食指向上指。
② 双手十指分开，交叉相叠，手背向外，然后向斜下方微移一下。

词汇拓展训练

厨房
① 左手五指并拢微曲，向下虚按；右手侧立，沿左手指背上下微动，做切菜状。
② 双手搭成"∧"形，如屋顶状。

卫生间
一手拇指、食指弯曲，其余三指伸直，即"WC"的手势。

电脑是新买的。（洗衣机）

电脑
① 一手食指书空"彡"形。
② 食指点一下太阳穴处，头微侧。

是
一手食指、中指相搭，并点动一下。

新
一手伸出拇指，从另一手手背上向外划过，表示"全好"之意，引申为"新"。

买的
双手横伸，掌心向上，一手手背在另一手掌心上拍打一下，然后向里移，表示买进东西。

词汇拓展训练

洗衣机

① 左手拇指、食指成半圆形,虎口朝上;右手五指张开,掌心向下,在左手下转动几下,表示洗衣机滚筒在转动。
② 一手拇指、食指揪一下胸前的衣服。
③ 双手十指弯曲,食指、中指、无名指、小指关节交错相触,向下转动一下。

或
① 一手五指张开,指尖向下旋转几圈。
② 用拇指、食指揪一下胸前的衣服。
③ 双手平伸,掌心向下,画"冂"形。

给我们的新家添一些好看的装饰。

给我们的
一手平伸,掌心向上,朝胸口移动,指尖由朝外转为朝内。

新家
① 一手伸出拇指,从另一手手背上向外划过,表示"全好"之意,引申为"新"。
② 双手搭成"∧"形,如屋顶状。

添

一手拇指、食指先握成圆形，然后移贴到另一手掌心上。

一些

① 右手伸出食指，其余四指弯曲。
② 五指张开，先收拇指，再收食指，以此类推，直到握拳。

好看的

一手伸拇指、食指、中指，食指、中指并拢，先置于鼻部，然后边向外移动边缩回食指、中指，拇指向上。

或
① 一手握拳向上伸出拇指。
② 一手伸食指、中指，从眼部向前微伸一下。

装饰

双手分别五指撮合，指尖相抵，一反一正，交替互碰两下（可根据实际表示装饰的动作）。

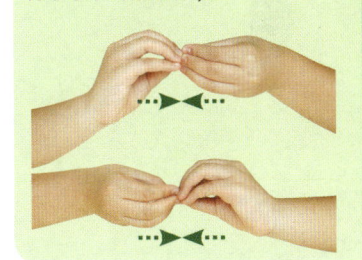

或
① 双手分别五指撮合，指尖相对，然后互相碰一下。
② 掌心一向内一向外，指尖相叠，然后交换一下位置。

老婆，我爱你。(岳父、岳母、公公、婆婆、儿子、孙子、女儿、孙女)

老婆

双手伸拇指，虎口朝上，置于身体一侧，指面相对，弯动一下（可根据语境决定所指的对象，如男人先指自己，再在身体一侧打此手势，表示的是妻子；女人先指自己，再在身体一侧打此手势，表示的是丈夫）。

或

1. 双手伸拇指，相对弯曲两下。
2. 一手拇指、食指捏耳垂，象征耳环，泛指妇女。

我

一手指自己。

爱

左手伸拇指，指尖朝前；右手平伸，指尖朝前，轻轻抚摸左手拇指指背，表示"怜爱"。

你

一手食指指向对方。

词汇拓展训练

岳父

❶ 双手伸拇指，虎口朝上，置于身体一侧，指面相对，弯动一下。
❷ 右手伸拇指，指尖左侧贴在嘴唇上。

或

❶ 双手伸拇指、食指，指尖相对，分别做弧形向左右下移，如半弦月之状。
❷ 一手伸拇指贴在嘴唇上。

岳母

❶ 双手伸拇指，虎口朝上，置于身体一侧，指面相对，弯动一下。
❷ 右手食指直立，指尖左侧贴在嘴唇上。

或

❶ 双手伸拇指、食指，指尖相对，分别做弧形向左右下移，如半弦月之状。
❷ 一手伸食指贴在嘴唇上。

公公

双手拇指、食指搭成"公"字形，虎口朝外，然后向一侧移动一下。

婆婆

一手五指微曲，指尖抵于脑后，向前点动两下，如发髻的外形。

或

右手五指微曲，拍两下脖子右侧，象征老婆婆梳着的发型。

219

儿子

❶ 同"儿童"的手势。
❷ 一手直立,五指并拢,在头侧自后向前挥动,表示男子。

孙子

❶ 一手伸出,打手指字母"S"的指式。
❷ 一手直立,五指并拢,在头侧自后向前挥动,表示男子。

女儿

❶ 一手拇指、食指捏耳垂,象征耳环,泛指妇女。
❷ 同"儿童"的手势。

孙女

❶ 一手伸出,打手指字母"S"的指式。
❷ 一手拇指、食指捏耳垂,象征耳环,泛指妇女。

商场购物

请扫描二维码
观看演示视频

这条裙子怎么样？今年特别流行。
(裤子、帽子、鞋、袜子、围巾、毛衣)

这条
一手食指向下指，点两下。

裙子
双手拇指、食指张开，虎口朝上，置于腰间，然后向斜下方移动，模仿裙子的样子。

或

双手十指伸开，往下移动，表示上衣和裙子连在一起。

221

怎么样?

❶ 双手拇指、食指成"L"形,置于脸颊两侧,上下交替动两下。
❷ 双手平伸,掌心向上,从中间向两侧微移一下,面露疑问的表情。
❸ 一手伸食指书空"?"。

或

❶ 双手握拳,右拳打一下左拳。左拳不动,右拳向上翻成手掌。
❷ 双手拇指、食指成"L"形,置于脸部两侧,上下交替动几下。
❸ 一手伸食指书空"?"。

今年

❶ 双手横伸置于腰部,掌心向上,上下微动,表示就是现在的意思。
❷ 右手伸食指从左拳的第一个骨节处向下划(拳背四个骨节代表四季,直划下去表示一年)。

特别

左手横伸,手背向上,右手食指从左手小指边向上伸出。

流行

右手五指在右肩交替地动,模仿流水的动作。

词汇拓展训练

裤子

双手拇指、食指相捏,在腿部向上提,如穿裤子状。夹裤、棉裤、毛裤等均用此手势。

帽子

一手拇指、食指相捏,从头顶向下移动一下,模仿戴帽子的动作(可根据实际表示戴帽子的动作)。

鞋

左手五指弯曲,掌心向上;右手平伸,掌心向下,指尖朝前顶于左手。棉鞋、皮鞋等均以此为基本手势。

或

左手五指成"匚"形,掌心向内;右手指尖插入左手"匚"形的空隙处,如穿鞋状。

袜子

右手伸拇指、小指直立不动；左手拇指、食指捏住右手小指指尖向上移动，如穿袜子状。

围巾

左手掌心按于胸部，右手绕颈部转一圈，模仿围围巾的动作。

毛衣

❶ 双手食指交替移动，如手织织物状。
❷ 右手食指、拇指捏住右肩偏下一点的衣服，前后动两下。

1 2

有红色的。(黑、蓝、白、黄、紫、绿、灰)

有

一手拇指、食指伸直，拇指不动，食指指尖朝前，放在胸前，弯动几下。

红色的

一手打手指字母"H"的指式，并摸摸嘴唇。嘴唇是红色的，以此表示"红"。

词汇拓展训练

黑
一手打手指字母"H"的指式，并在头发上摸一下。

蓝
一手打手指字母"L"的指式，并沿胸侧划下，象征蓝色料子，以此表示"蓝"。

白
一手五指弯曲，掌心向外，指尖弯动两下，表示上下牙齿。也用于表示姓氏"白"。

或 一手从另一手手背上划过，并打出手指字母"B"的指式。

黄
一手打手指字母"H"的指式，并摸摸脸颊。皮肤是黄色的，以此表示"黄"。

紫
一手打手指字母"Z"的指式，并摸摸嘴唇，同时转动手腕。

绿
左手食指、中指、无名指、小指并拢，指尖朝右；右手五指向上抟一下左手四指。

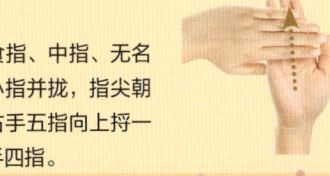

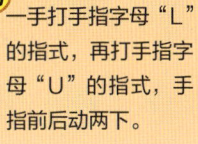

或 一手打手指字母"L"的指式，再打手指字母"U"的指式，手指前后动两下。

灰
一手打手指字母"H"的指式，并沿胸的一侧下划。

这个有点小,请给我大一号的。

这个
一手食指向下指,点两下。

有点
❶ 一手拇指、食指伸直,拇指不动,食指指尖朝前,放在胸前,弯动几下。
❷ 左手横伸;右手食指在左手掌心上点一下。

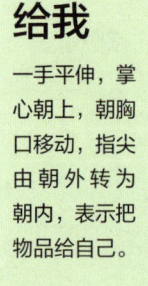

小
一手拇指捏小指指尖。

请
双手掌心向上,在腰部向旁移,表示邀请之意。

给我
一手平伸,掌心朝上,朝胸口移动,指尖由朝外转为朝内,表示把物品给自己。

大
双手侧立,掌心相对,同时向两侧移动,幅度要大些(可根据实际表示大的状态)。

一

一手伸出食指，其余四指弯曲。

号的

一手五指微曲，虎口贴于嘴边。

价格可以优惠吗？

价格

❶ 左手拇指、食指捏成圆形，虎口朝上；右手伸食指，敲一下左手拇指。
❷ 一手直立，掌心向内，五指张开，交替点动几下。

或

左手拇指、食指捏成小圆圈，右手食指碰两下圆边。

可以

一手五指伸直，指尖向上，掌心朝外，然后拇指不动，其余四指弯动几下。

优惠

左手平伸，掌心朝上；右手食指和拇指捏成小圆，然后在左手掌心点两下。

吗？

一手伸食指书空"？"。

227

所有商品打八折。

所有
双手十指微曲,指尖左右相对,然后向下做弧形移动,手腕靠拢。

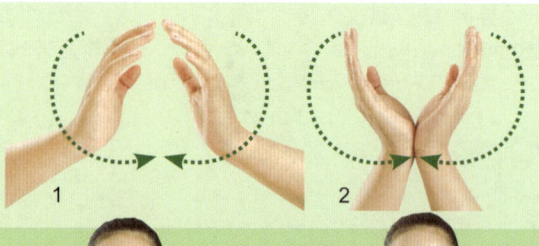

或

双手十指并拢,掌心向外,指尖向上;双手并立,然后分开向下做弧形移动,变为掌心向上,指尖朝前。

商品
① 双手掌心向上,在胸前交互转圈子,表示"买卖"之意。
② 双手拇指、食指捏成小圆圈,左手在上,右手在下,左手不动,右手往右移动一下,如"品"字形。

打八
一手伸出拇指、食指,其余三指弯曲。

折
双手握拳相对,做掰开动作。

就这件，多少钱？

就
一手打手指字母"J"的指式，并打另一手掌心。

这件
一手食指向下指，点两下。

多少钱？
❶ 一手五指向上伸开，掌心朝内，微微抖动几下。
❷ 左手拇指、食指捏成小圆圈，右手食指碰两下圆边。
❸ 一手伸食指书空"？"。

这是您的账单。

这是
❶ 一手食指向下指，点两下。
❷ 食指、中指相搭，并点动一下。

您的账单
一手食指指向对方。

是刷卡，还是现金？(微信、支付宝、会员卡)

是刷卡

左手五指成"匚"形，虎口朝上；右手食指、中指、无名指、小指并拢，指尖朝下，在左手拇指与其余四指之间从左向右划动一下，模仿刷卡的动作（可根据实际表示不同的刷卡的动作）。

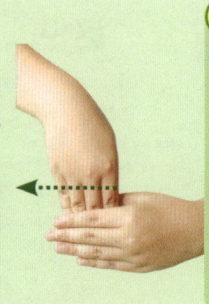

或

右手拇指、食指相捏，掌心向下，模仿拿银行卡的动作，横着刷两下。

还是

❶ 右手握拳，往左甩的同时弹出食指、中指。
❷ 食指、中指相搭，点动一下。

现金？

❶ 左手拇指、食指捏成小圆圈，右手食指碰两下圆边。
❷ 一手伸食指书空"？"。

词汇拓展训练

微信

❶ 一手打手指字母"W"的指式。
❷ 左手成"匚"形，虎口朝上；右手五指并拢，指尖朝下，插入左手虎口内。

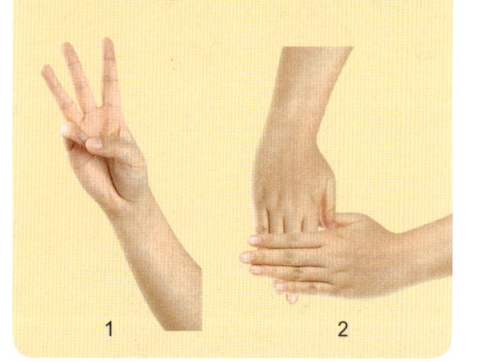

230

支付宝

❶ 左手拇指、食指捏成小圆圈,其余三指收拢,虎口向上。
❷ 右手打手指字母"zh"的指式,手背朝下,在左手上方前后划动两下。

会员卡

❶ 双手伸直,掌心朝外,拇指不动,其余四指弯曲几下。
❷ 一手拇指、食指捏成小圆圈,贴于胸侧。
❸ 双手拇指、食指拼成方形。

给我发票。

给我

一手平伸,掌心朝上,朝胸口移动,指尖由朝外转为朝内。

发票

双手掌心向上,指尖相对。一手不动,另一手向下翻转,掌心向下。

谢谢光临，请慢走。

谢谢
一手伸出拇指，弯曲两下，表示向人感谢。

光临
一手掌心向下，向内挥动一下。

请
双手掌心向上，在腰部向一旁移动，表示邀请之意。

慢走
① 一手掌心向下，慢慢地上下微动几下，象征物体运动速度缓慢。
② 伸食指、中指，指尖向下，一前一后交替向前移动。

其他

请扫描二维码
观看演示视频

请先取号，排队等候。

请
双手掌心向上，在腰部向一旁移动，表示邀请之意。

先
右手食指指腹拍打左手拇指指腹。

取号
❶ 一手向旁边微抓，如拿物状。
❷ 五指微曲，虎口贴于嘴边。

1

2

排队

双手直立，十指张开，排成一列，左手在前不动，右手小指外缘碰两下左手拇指指背。

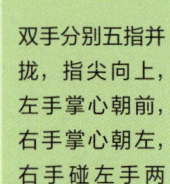

或

双手分别五指并拢，指尖向上，左手掌心朝前，右手掌心朝左，右手碰左手两下，象征军队。

等候

一手手背贴于下颏，表示张望、等候之意（可根据实际表示等的动作）。

带身份证了吗？(户口簿、结婚证)

带

一手五指张开，指尖朝下，边向上移动边握拳，如拿东西状（可根据实际表示拿的动作）。

1　　2

或

一手握住另一手的手腕，由一侧向另一侧移动。

身份证了

一手握拳，虎口朝上，置于头的一侧，然后依次横伸食指、中指、无名指、小指。

或

左手伸拇指、小指，如同一个人；右手伸拇指、食指，食指在左手手背上向下划两下，如同对一个人的身份证进行扫描。

吗？

一手伸食指书空"？"。

词汇拓展训练

户口簿

① 一手打手指字母"H"的指式，手背向外，绕嘴部转动两下。
② 双手横伸，掌心相贴，然后右手做向上打开的动作。

或
① 双手相搭成"∧"形。
② 一手食指在嘴部转一圈。
③ 双手先合掌，然后翻开。

235

结婚证

❶ 双手伸拇指,指尖相对,弯曲两下,表示婚礼中新郎、新娘相对鞠躬。
❷ 双手平伸,先分开,然后双掌碰到一起。

1

2

您要办什么业务?(转账、挂失)

您
一手食指指向对方。

要
一手平伸,掌心向上,由外向内微微拉动。

办
双手横立,掌心向内,右手手掌拍一下左手手背。

什么
一手食指直立,掌心向外,左右晃动几下,面露疑问的表情。

或

伸出双手,先掌心向下,然后翻转为掌心向上。

业务？

① 左手伸出除拇指外的四指，掌心向内，右手食指横伸放于左手手指根部，掌心朝下。
② 右手拍一下左肩。
③ 一手伸食指书空"？"。

词汇拓展训练

转账

① 双手伸食指，一指向上，另一指向下，上下间距寸许，两指间在同一平面上交替旋转。
② 左手拇指、食指捏成小圆圈，右手食指碰两下圆边。

挂失

① 一手虚握拳，向身后一甩，五指张开。
② 左手拇指、食指张开，虎口朝内；右手食指弯曲，挂在左手拇指上。

或

① 双手握拳，两个食指上下勾住。
② 右手握拳，放于右腰部，再向下一甩，如丢东西状。

我想开个定期存款账户。(银行卡、取款、贷款)

我
一手指自己。

想
一手食指置于太阳穴处转动,表示动脑筋思索。

开个
双手并拢,掌心向外,然后向内翻掌,同时双手分开。

定期
❶ 左手横伸;右手五指撮合,指尖朝下,按于左手掌心。
❷ 双手直立,掌心相对,间距约 20 厘米,表示一段时间。

或
❶ 一手食指伸直,向下一挥。
❷ 双手直立,掌心相对,间距约 20 厘米,表示一段时间。

存款账户

左手掌心向下，五指微曲；右手拇指、食指捏成小圆圈，向左手掌心中纳入，象征把钱存储起来。

词汇拓展训练

银行卡

❶ 双手食指弯曲，拇指伸直，左右手食指交替碰两下。
❷ 双手拇指、食指搭成方形，如银行卡的大小。

取款

左手横伸；右手拇指、食指捏成小圆圈，虎口朝上，从左手掌心下向后移出。

或

❶ 一手向旁边微抓，如拿物状。
❷ 左手拇指、食指捏成小圆圈，右手食指碰两下左手拇指边缘。

贷款

❶ 双手拇指、食指成小圆圈,指尖稍分开,虎口朝上,食指上下交替碰两下。
❷ 右手打手指字母"K"的指式,中指指尖朝外点动一下。

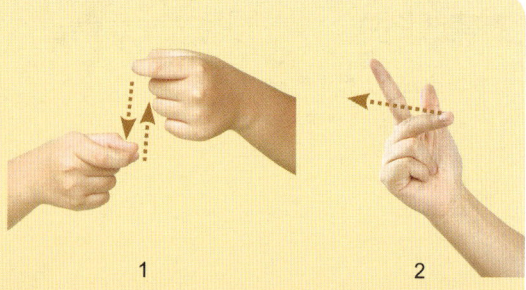

或

❶ 双手伸食指,掌心相对,然后向左右划动成交叉状。
❷ 左手拇指、食指捏成小圆圈,右手食指碰两下圆边。

填写姓名、家庭住址、电话、存入金额。

填写

一手拇指、食指相捏,做写字状。

姓名

一手食指沿另一手中指、无名指、小指指尖向下划动(中指表示"姓",无名指、小指表示"名")。

家庭

双手指尖搭成"∧"形,表示"家""房屋"。也用于表示姓氏"房"。

或

❶ 双手指尖搭成"∧"形,表示"家""房屋"。
❷ 一手打手指字母"T"的指式。

住址

❶ 双手搭成"∧"形。
❷ 左手中指、无名指、小指横伸,右手食指指尖自左手中指指尖向下划动(中指表示"姓",无名指、小指表示"名")。

电话

一手伸拇指、小指,拇指置于耳边,小指置于嘴边,如打电话状。

存入

左手掌心向下,五指微曲;右手拇指、食指捏成小圆圈,向左手掌心中纳入。

金额

① 左手拇指、食指捏成小圆圈,虎口朝上;右手伸食指,敲两下圆边。
② 一手直立,掌心向内,五指张开,交替点动几下。

或

左手拇指、食指捏成小圆圈,右手食指碰两下圆边。

请您改个新密码。(Wi-Fi、App、流量、二维码、红包)

请您

双手掌心向上,在腰部向一旁移动,表示邀请之意。

改个

① 右手伸食指、中指,掌心朝外,转动手腕使掌心朝内。
② 一手伸出食指,其余四指弯曲。

新密码

① 右手打手指字母"X"的指式,贴于嘴部,表示秘密。
② 左手拇指、食指成"匚"形;右手手背向外,五指伸直,在"コ"形上自左向右连续抖动手指,表示一串数码。

词汇拓展训练

Wi-Fi

左手伸拇指,其余四指收拢;右手食指、中指和无名指张开,拇指、小指相捏(或拇指、食指相捏,其余三指张开),在左手拇指指尖上方画半圆。

App

① 右手打手指字母"A"的指式。
② 右手打两次手指字母"P"的指式。

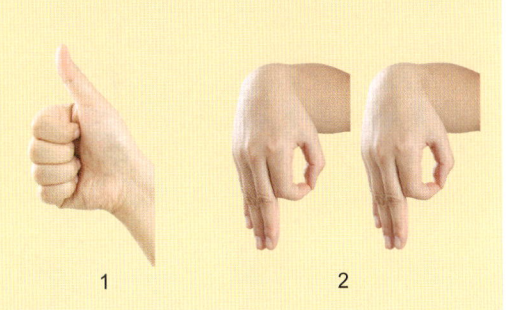

流量

双手伸食指,指尖上下交错,移动两下,表示电信流量的"↓↑"符号。

二维码

❶ 双手分别五指张开,垂直相搭。
❷ 左手拇指、食指成"匚"形,虎口朝内;右手五指张开,指尖对着左手,边向后移动边撮合。

1 2

红包

❶ 一手打手指字母"H"的指式,摸一下嘴唇。
❷ 左手握拳;右手手背拱起,从上向下绕左拳转动半圈。

1 2

在这里签字。

在
一手伸出拇指、小指,坐于另一手掌心上。

这里
一手食指向下指,点两下(可根据实际决定手指的方向)。

签字
左手横伸,掌心向上;右手伸中指、无名指、小指,指尖朝下,在左手掌心上点两下。

或
❶ 一手拇指、食指相捏,如执笔写字状。
❷ 左手伸中指、无名指、小指,右手伸食指,沿左手中指指尖划下。

1　　2

国家标准

中国手语
日常会话
速成
修订版

学校教育

曾记否,
我们的晨读时光书声朗朗,
我们的课余生活丰富多彩,
致我们逝去的青春,
让我们一起畅想美好的未来。

学习天地

请扫描二维码
观看演示视频

几年级了？

几
一手五指分开，指尖向上，掌心朝内，手指微微抖动几下，表示数量多少之意。

年级了？
❶ 右手伸食指从左拳的第一个骨节处向下划。
❷ 左手直立；右手平伸，掌心向下，食指侧靠左掌心一顿一顿地向上移动。
❸ 一手伸食指书空"？"。

高三。（幼儿园、小学、中学、大学）

高
一手平伸，掌心向下，向上举过头（可根据实际表示高的状态）。

三
一手伸中指、无名指、小指，拇指、食指弯曲。

词汇拓展训练

幼儿园

❶ 一手横伸,掌心向下,边向一侧移动边向下按动几下,表示有许多儿童。
❷ 右手食指指尖朝下,在胸前画个圈。

小学

❶ 一手拇指捏小指指尖。
❷ 双手放于面前,如读书状。

中学

❶ 左手拇指、食指与右手食指搭成"中"字形。
❷ 双手放于面前,如读书状。

大学

❶ 双手掌心相对,同时向两侧挥动。
❷ 双手放于面前,如读书状。

快高考了。（中考、成人考试、考研、放学、考公务员、升学、留学）

快
一手拇指、食指相捏，从一侧向另一侧做快速挥动，象征物体运动速度很快。

高考了
❶ 一手平伸，掌心向下，向上举过头。
❷ 双手伸拇指，交替上下动，表示比较、比试。

词汇拓展训练

中考
❶ 左手拇指、食指捏成小圆圈与右手食指搭成"中"字形。
❷ 双手伸拇指，交替上下动，表示比较、比试。

成人考试
❶ 一手平伸，掌心向下，往上缓慢移动，表示长大。
❷ 双手食指搭成"人"字形。
❸ 双手伸拇指，交替上下动，表示比较、比试。

考研

① 双手伸拇指，交替上下动，表示比较、比试。
② 左手平伸，掌心朝上；右手伸食指、中指在左手掌中摩挲。

放学

双手放在面前，掌心向内，如读书状，然后向下一甩。

考公务员

① 双手伸拇指，交替上下动，表示比较、比试。
② 双手拇指、食指相搭成"公"字形。
③ 右手拍一下左肩。
④ 拇指、食指捏成小圆圈，贴于胸侧。

升学

❶ 左手直立，掌心朝右，右手食指指尖向上，贴于左手掌心由下向上移动。
❷ 双手伸掌，掌心向内，放于面前，如读书状。

留学

❶ 左手横伸，掌心朝下；右手侧立，掌心朝左，放在左手手背上，往下一顿。
❷ 双手放于面前，如读书状。

成绩怎么样？

成绩

左手虚握拳，虎口朝上；右手掌心贴于左手虎口，五指交替点动几下，表示分数。

或

❶ 一手拍另一手掌心，随即伸出拇指。
❷ 一手打手指字母"J"的指式。

怎么样？

① 双手拇指、食指成"L"形，置于脸颊两侧，上下交替动两下。
② 双手平伸，掌心向上，从中间向两侧微移一下，面露疑问的表情。
③ 一手伸食指书空"？"。

或

① 双手握拳，右拳打一下左拳。左拳不动，右拳向上翻成手掌。
② 双手拇指、食指成"L"形，置于脸部两侧，然后上下交替动几下。
③ 一手伸食指书空"？"。

化学考得一般。（数学、语文、生物、政治、历史、地理）

化学

① 一手打手指字母"H"的指式，指尖向斜前下方，平行划动一下。
② 一手五指撮合，指尖朝内，按于前额。

或

① 右手打手指字母"H"的指式，同时往右划动一下。
② 双手伸掌，掌心向内，放于面前，如读书状。

253

考得

双手伸拇指,交替上下动,表示比较、比试。

一般

❶ 一手食指直立,掌心向外。
❷ 左手横伸,掌心向下;右手平伸,拍一下左手手背,再向右移动。

或 双手掌心朝下,右手手掌置于左手手背,往外划动两下。

词汇拓展训练

数学

❶ 双手直立,掌心向内,五指张开,交替点动几下。
❷ 一手五指撮合,指尖朝内,按于前额。

或 双手直立,掌心向内,五指张开,交替点动几下。

语文

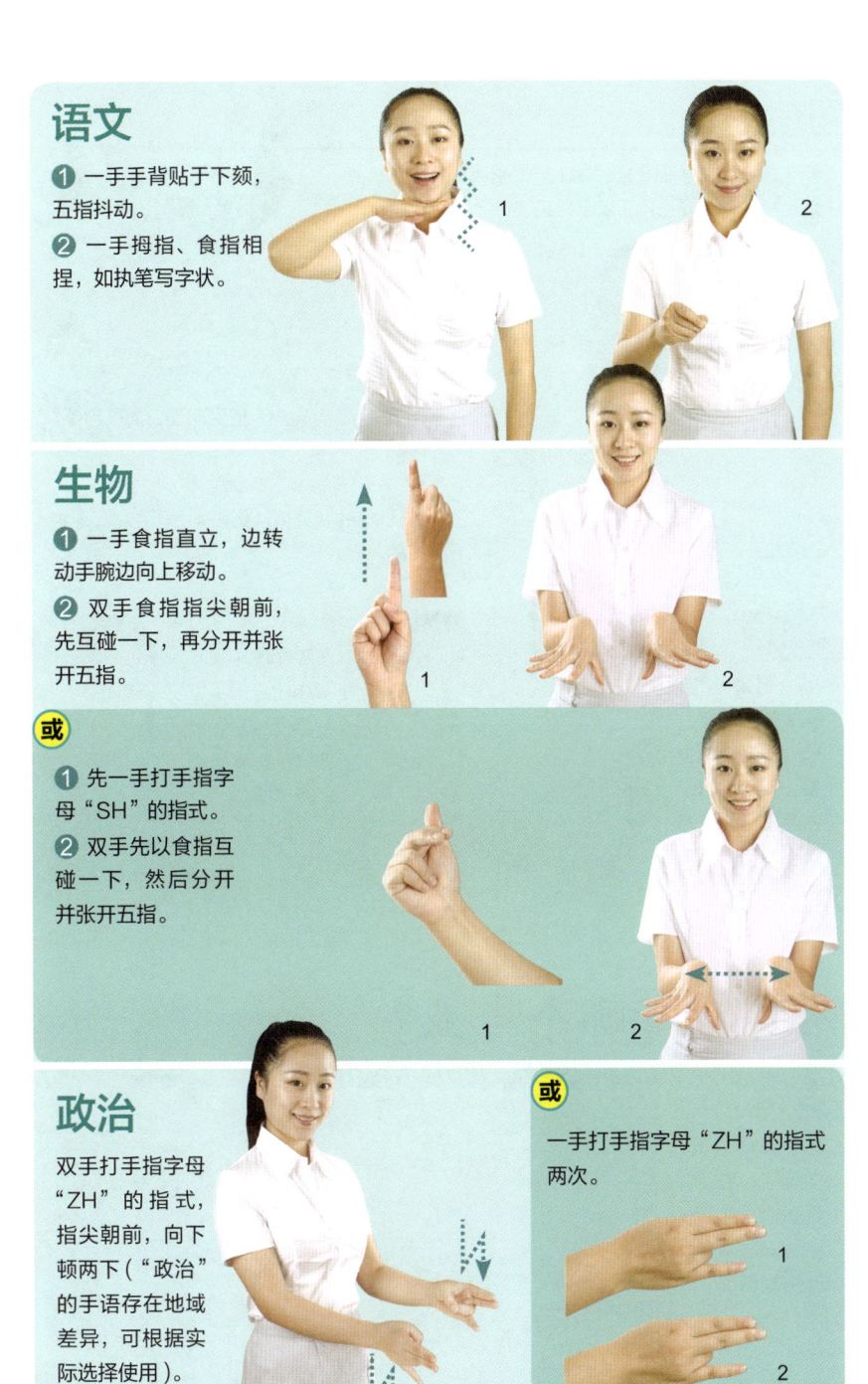

① 一手手背贴于下颏,五指抖动。
② 一手拇指、食指相捏,如执笔写字状。

生物

① 一手食指直立,边转动手腕边向上移动。
② 双手食指指尖朝前,先互碰一下,再分开并张开五指。

或

① 先一手打手指字母"SH"的指式。
② 双手先以食指互碰一下,然后分开并张开五指。

政治

双手打手指字母"ZH"的指式,指尖朝前,向下顿两下("政治"的手语存在地域差异,可根据实际选择使用)。

或

一手打手指字母"ZH"的指式两次。

历史

双手伸拇指、小指,指尖朝上,交替向肩后转动两下。也用于表示姓氏"史"。

或

❶ 一手掌心向内,指尖向上,向肩后挥动两下。
❷ 一手五指并齐,侧立于另一手掌心,并从指尖处向掌跟划过去,表示过程、经历的意思。

地理

❶ 一手伸食指,指尖朝下一指。
❷ 左手横伸握拳,手背向上;右手侧立,在左手手背上从后向前移动一下。

或

左手握拳,手背向上不动。右手五指微曲,在左拳背上绕一圈。

准备报考哪个专业?

准备

双手横伸,掌心向下,右手手掌拍左手手背的同时双手向左侧移动。

或

一手掌心拍打另一手掌背。

报

一手伸中指、无名指、小指立于另一手掌心上,表示登记姓名。

考

双手伸拇指,交替上下动,表示比较、比试。

哪个

一手食指伸直,左右挥动几下。

专业?

① 左手食指指尖朝前;右手五指张开,置于左手手腕处,然后边向前移动边收拢五指。
② 右手食指与左手四指搭成"业"字形。
③ 一手伸食指书空"?"。

1 2 3

经济。（文学、计算机、医学、心理学、建筑、设计）

经济
双手拇指、食指捏成小圆圈，虎口朝上，上下平行转动。

词汇拓展训练

文学
① 一手如执笔写字状。
② 一手五指撮合，指尖朝内，按于前额。

或
① 一手如执笔写字状。
② 双手放于面前，如读书状。

计算机
① 双手十指弯曲，指尖朝下，交替点动几下，如敲击计算机键盘状。
② 双手十指弯曲，食指、中指、无名指、小指关节交错，向下转动一下。

或
模仿敲打键盘的动作。

医学

❶ 右手拇指、食指比成"十"字形放于额头。
❷ 一手五指撮合,指尖朝内,按于前额。

或

❶ 右手拇指、食指比成"十"字形放于额头。
❷ 双手放于面前,如读书状。

心理学

❶ 双手搭成心形,置于胸部。
❷ 一手打手指字母"L"的指式。
❸ 双手放于面前,如读书状。

建筑

双手拇指与四指各成"["形,交替上叠,魔方砌砖的动作,引申为"建筑"。

设计

左手横伸,掌心向下;右手伸拇指、食指、中指,食指、中指指尖朝下,沿左手小指边缘划动两下。

或

左手横伸,掌心向下;右手指尖沿左手小指边缘画一横线,如绘图状。

校园活动

请扫描二维码
观看演示视频

喜欢什么体育活动？

喜欢
一手拇指、食指微曲,指尖抵于下颏,头微微点动一下。

什么
一手食指直立,掌心向外,左右晃动几下,面露疑问的表情。

或

伸出双手,先掌心向下,然后翻转为掌心向上。

体育
双手握拳在胸前做扩胸动作。

活动？

❶ 一手食指向上，边转腕边向上移动。
❷ 双手横伸，握拳，交替转动几下。
❸ 一手伸食指书空"？"。

最近爱上打乒乓球了。（踢足球、打篮球、打排球、打羽毛球、共享单车）

最近

一手拇指、食指相捏，指尖朝后，置于一侧肩前，向后微动两下，表示不久前刚刚发生的事情。

或

❶ 左手侧立，掌心朝右，右手打手指字母"A"的指式，掌心朝下，拇指指尖往左手掌心一顶。
❷ 双手拇指、食指相捏，靠近几下，表示距离接近。

爱

左手伸拇指，指尖朝前；右手平伸，指尖朝前，轻轻抚摸左手拇指指背，表示"怜爱"。

上

一手伸食指向上指。

261

打乒乓球了

左手拇指、食指捏成圆形；右手横立，手背击打两下左手拇指，如打乒乓球状。此手势既可以表示乒乓球，也可以表示打乒乓球。

词汇拓展训练

踢足球

左手拇指、食指捏成圆形；右手食指、中指叉开，指尖朝下，交替弹击左手圆形，如踢足球状。此手势既可以表示足球，也可以表示踢足球。

打篮球

左手直立，五指微曲，掌心向右，置于头部前上方；右手五指张开，掌心向前，置于左手旁，然后手腕向前弯动一下，如投篮状。

打排球

双手握成打排球的手势往上动一下。

打羽毛球

❶ 左手横伸，掌心向下；右手五指微曲，指尖轻轻抚摸左手手背，如整理羽毛状。
❷ 右手握拳，模仿打羽毛球的动作。

1　　　　2

共享单车

① 双手食指、中指搭成"共"字形,手背向上,平行转动一圈。
② 左手平伸,不动;右手食指、中指前后叉开,指尖朝下,在左手掌心上快速向前移动。

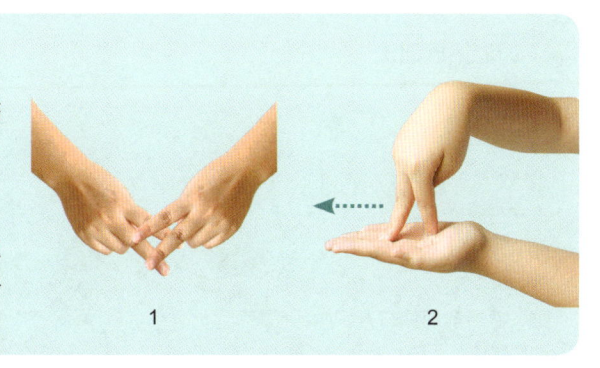

我想借一本书。（杂志）

我
一手指自己。

想
一手食指置于太阳穴处转动,表现动脑思索的神情。

借
一手五指微曲,指尖向斜上方,然后拇指、中指相捏。

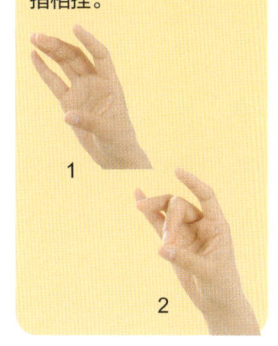

一本
一手伸食指,其余四指弯曲。

书
双手侧立,掌心相贴,然后向两侧打开,动作幅度稍大些。

词汇拓展训练

杂志

① 双手十指弯曲，指尖左右相对，交错转动两下。
② 双手侧立，掌心相贴，然后向两侧打开，动作幅度稍大些。

或

① 双手十指弯曲，指尖相对，一上一下，模仿拧东西的动作。
② 双手侧立，掌心相贴，然后向两侧打开，动作幅度稍大些。

有借书证吗？

有

一手拇指、食指伸直，掌心朝上，拇指不动，食指指尖朝前，向内弯动几下。

借书证

① 一手五指微曲,指尖向斜上方,然后拇指、中指相捏。
② 双手掌心相合,再打开,如翻书本状。

吗?

一手伸食指书空"?"。

借阅有效期一个月,请及时归还。

借阅

① 一手五指微曲,指尖向斜上方,然后拇指、中指相捏。
② 双手放于面前,如读书状,左右摆动两下。

有效期

① 一手拇指、食指伸直,掌心朝上,拇指不动,食指向内弯动几下。
② 右手拍打左手掌心,再向上伸出拇指。
③ 双手直立,掌心相对,间距约20厘米,表示一段时间。

一个月

左手拇指、食指张开,拇指朝上;右手伸食指,指尖朝下,在左手虎口内划一下,然后直立(表示两个月时,右手伸食指、中指,在左手虎口内划一下,然后直立,以此类推)。

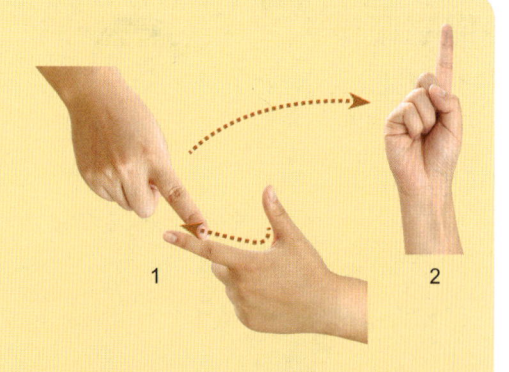

或

左手伸出食指,掌心朝下,右手食指从左手食指指尖向指节划(一个月用食指,二个月用食指、中指,以此类推)。

请

双手掌心向上,在腰部向旁移,表示邀请之意。

及时

① 左手侧立；右手伸拇指、食指，拇指指尖抵于左手掌心，食指向下转动。
② 双手直立，边向前微移边伸出拇指，表示正好的意思。

或

① 双手平伸，掌心向上，左手不动，右手向左手移过来并在一起，表示"对照"。
② 一手拇指、食指伸直，拇指指尖抵于另一手掌心，食指向下转动。

归还

一手虚握拳，掌心向上，向外伸出，张开手掌，好像把物品归还给别人。

国家标准

中国手语
日常会话
速成
修订版

恋爱与婚姻

恋爱是浪漫的、甜蜜的,
婚姻是幸福的、美好的。
与你亲爱的另一半,
手携手,
肩并肩,
一起走向未来,
让爱永恒。

甜蜜的恋爱

请扫描二维码观看演示视频

记得我们的第一次约会吗？

记得
一手打手指字母"J"的指式，碰两下前额。

我们的
一手食指先指胸部，然后掌心向下，在胸前顺时针转半圈。

第一
左手打手指字母"A"的指式；右手食指指腹碰一下左手拇指指腹。

次
一手打手指字母"C"的指式。

约会

❶ 双掌分别交换位置各拍一下,意即双方约定。

❷ 双手各伸出拇指、小指,由两旁向中间靠近,表示两个人会见。

吗?

一手伸食指书空"?"。

我对你是一见钟情。

我
一手指自己。

对
双手伸食指,掌心相对,再互相往里顿一下。

你
一手食指指向对方。

是
一手食指、中指相搭,并点动一下。

一见钟情

1. 一手伸出食指，其余四指弯曲。
2. 双手掌心相对，弯曲食指、中指，向中间靠近。
3. 一手打手指字母"J"的指式，并打另一手掌心。
4. 一手拇指、食指微曲，指尖抵于下颏，头微微点动一下。

1　2　3　4

你愿意做我的女朋友吗？(恋人)

你
一手食指指向对方。

愿意
一手拇指、食指微曲，指尖抵于下颏，头微微点动一下。

做
双手握拳，上拳打下拳。

我的
一手指自己。

女朋友

① 一手拇指、食指捏耳垂，象征耳环，泛指妇女。
② 双手伸拇指互碰几下，表示友谊。

吗？

一手伸食指书空"？"。

词汇拓展训练

恋人

① 双手拇指、食指拼成一心形，掌心相对，在胸前画一圈。
② 双手食指搭成"人"字形。

晚上一起看演出。（逛街、卡拉OK）

晚上

右手四指并拢与拇指成直角，放在右肩。然后，缓慢做弧形下移，同时五指捏合，象征天色由明转暗。

一起

双手掌心相对，从两侧向中间合拢。

273

看

一手伸食指、中指，从眼部向前微伸一下。

演出

双手伸拇指、小指，手背向外，前后交替转动两下。

词汇拓展训练

逛街

① 双手侧立，掌心相对，向前移动。
② 一手伸拇指、小指，在胸前顺时针平行转动一圈，目光随之移动。

1　　2

卡拉OK

① 一手虚握拳，虎口置于嘴前，如持话筒的动作，头左右微晃。
② 一手伸拇指、食指相捏，其余三指伸直，掌心向外。

1　　2

等你说爱我。

等
一手手背贴于下颏，表示张望、等候之意。

你
一手食指指向对方。

说
一手食指横于嘴前转动两下，表示说话。

爱我
① 左手伸拇指，指尖朝前；右手平伸，指尖朝前，轻轻抚摸左手拇指指背，表示"怜爱"。
② 一手指自己。

想和你结婚。（恋爱、订婚、蜜月）

想
一手食指置于太阳穴处转动，表现动脑思索的神情。

和
双手掌心相对，从两侧向中间合拢。

你
一手食指指向对方。

结婚
双手伸拇指,指尖相对,弯曲两下,表示婚礼中新郎、新娘相对鞠躬。

词汇拓展训练

恋爱
双手拇指、食指拼成心形,掌心相对,在胸前画一圈。

订婚
❶ 双手伸拇指,指腹相对,弯动两下。
❷ 双手伸中指、无名指、小指,指尖朝下,左右交换位置,向下一点。

1 2

或

❶ 双手拇指、食指、中指相捏,指尖朝下,在胸前同时向下一顿。
❷ 双手伸拇指,指腹相对,弯动两下。

1 2

蜜月

❶ 一手食指指腮部，同时用舌顶起腮部，如嘴里含一块糖。
❷ 双手拇指、食指张开，指尖相对，从中间向两侧做弧形移动并捏合，如弯月状。

或

❶ 双手伸拇指，指尖相对，弯曲两下。
❷ 一手打"10"的手势贴于嘴唇上，表示机密之意。
❸ 双手拇指、食指张开，指尖相对，从中间向两侧做弧形移动并捏合，如弯月状。

我要照顾你一辈子。（关心）

我
一手指自己。

要
一手平伸，掌心向上，由外向内微微拉动。

照顾

左手打手指字母"A"的指式；右手伸食指、中指，往左手拇指顿两下。

你

一手食指指向对方。

一辈子

一手拇指、食指相捏，拇指贴在嘴唇上，边向下移动边伸出食指。

或

❶ 一手伸食指，其余四指弯曲。
❷ 拇指、食指相捏，拇指贴在嘴唇上，边向下移动边伸出食指，以示先后之分。
❸ 一手伸食指、小指。

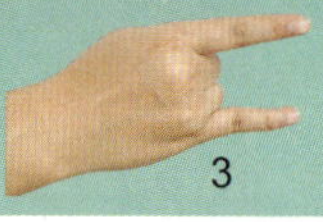

词汇拓展训练

关心

❶ 双手垂立，五指并拢，手背向外，从两侧向中间移动并互碰。
❷ 双手搭成心形，手背向外，置于胸部。

或

双手搭成心形，手背向外，置于胸部。

虽然我不是很富裕，但是我爱你胜过一切。

虽然
1. 一手打手指字母"S"的指式。
2. 一手打手指字母"R"的指式。

我
一手指自己。

不
一手五指伸直，左右摆动几下。

是
一手食指、中指相搭，并点动一下。

很
一手食指伸直，拇指指尖抵于食指根部，向下一沉。

富裕
双手十指张开，拇指顶于胸前，抖动手指。

但是
① 一手打手指字母"D"的指式。
② 一手食指、中指相搭，并点动一下。

我
一手指自己。

爱
左手伸拇指，指尖朝前；右手平伸，指尖朝前，轻轻抚摸左手拇指指背，表示"怜爱"。

你
一手食指指向对方。

胜过
双手食指向前伸直，一手不动，一手向前移。

一切
双手并拢，掌心向外，指尖向上并立，然后分开向下做弧形移动，变为掌心向上，指尖朝前。

幸福的婚姻

请扫描二维码
观看演示视频

和你在一起，我无怨无悔。

和
双手掌心相对，从两侧向中间合拢。

你
一手食指指向对方。

在一起
❶ 一手伸出拇指、小指，坐于另一手掌心上。
❷ 双手掌心相对，从两侧向中间合拢。

1

2

281

我

一手指自己。

无怨无悔

① 一手伸直，五指张开，左右摆动几下。
② 一手伸拇指、小指，拇指指尖抵于胸部，脸露怨恨的表情。
③ 一手伸直，五指张开，左右摆动几下。
④ 一手伸小指，指尖位于右太阳穴，然后往下划一下。

这个家因为有你，才有了幸福。

这个家

① 一手食指向下指，点两下。
② 双手搭成"∧"形，如屋顶状。

因为
右手打"8"的手势,食指指尖朝前,掌心先朝下,然后转向朝左。

有
一手拇指、食指伸直,掌心向上,拇指不动,食指指尖朝前,向内弯动几下。

你
一手食指指向对方。

才
右手握拳,往左甩的同时弹出食指、中指。

有了
一手拇指、食指伸直,掌心向上,拇指不动,食指指尖朝前,向内弯动几下。

幸福
一手打手指字母"X"的指式,并在胸前绕一圈。

你比结婚时看起来更漂亮。

你 一手食指指向对方。

比 双手伸拇指,交替上下动,表示比较、比试。

结婚 双手伸拇指,指尖相对,弯曲两下,表示婚礼中新郎、新娘相对鞠躬。

时 一手伸出拇指、食指,拇指指尖抵住另一手掌心,食指向下转动,象征钟表的时针在转动。

看起来
❶ 一手伸食指、中指,从眼部向前微伸一下。
❷ 双手平伸,掌心向上,指尖朝前,同时向上抬起。

更

左手侧立,掌心朝右;右手打字母"A"手势,掌心朝下,拇指指尖往左手掌心一顶。

漂亮

一手食指、中指先置于鼻部,然后下移并收起,伸出拇指,表示美丽、漂亮、好看的意思。

我们结婚二十周年了,想起来心中甜蜜极了。

我们

一手食指先指胸部,然后掌心向下,在胸前顺时针转半圈。

结婚

双手伸拇指,指尖相对,弯曲两下,表示婚礼中新郎、新娘相对鞠躬。

二十周年了

左手握拳;右手伸食指、中指,弯曲两下,表示"20"这个数字,然后在左手的第一个骨节处向下划。

想起来

一手食指置于太阳穴处转动,表现动脑思索的神情。

心中
双手搭成心形，贴于左胸部。

甜蜜
一手食指点两下鼓起的腮部。

极了
一手手臂横伸于胸前，食指伸直，拇指指尖抵于食指根部，向下一沉。

女儿已经长大了，我们也老了。（少年、青年）

女儿
❶ 一手拇指、食指捏耳垂，泛指妇女。
❷ 打"儿童"的手势。

已经
一手五指向肩后扇动几下，表示过去。

长大
一手平伸，掌心向下，往上缓缓移动，表示长大。

了

一手五指张开，掌心向下，甩动一下。

或

五指张开，掌心向上，反手往下一甩。

我们

一手食指先指胸部，然后掌心向下，在胸前平行转半圈。

也

一手伸出拇指、小指，拇指指尖向内，手背向上，前后移动两下。

老了

右手伸拇指，其他四指并拢，在下颏做捋胡须的动作。

词汇拓展训练

少年
一手平伸，掌心向下，在胸前向下微按（根据孩子不同的身高来决定手的高低）。

青年
一手掌心在颏下抚摸两下，以下颏胡须表示青年。

无论你做什么，我都永远支持你。
(反对、信赖、理解)

无论
右手五指并拢，在左肩擦一下。

你
一手食指指向对方。

做
双手握拳，上拳打下拳。

什么

一手食指直立,掌心向外,左右晃动几下,面露疑问的表情。

或

伸出双手,先掌心向下,然后翻转为掌心向上。

我

一手指自己。

都

双手并拢,掌心向外,指尖向上并立,然后分开向下做弧形移动,变为掌心向上,指尖朝前。

1   2

永远

一手伸食指，掌心向上，指尖向前移动。

支持

左手伸拇指；右手平伸，五指并拢，掌心向下，指尖抵于左手拇指指背，向前推一下左手。

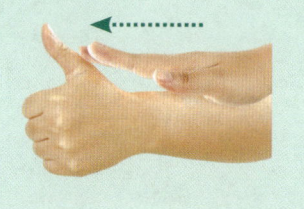

或

左手向上伸出食指，掌心朝左，右手五指并拢，掌心朝下，指尖抵于左手食指根部，意即"撑腰"。

你

一手食指指向对方。

词汇拓展训练

反对
双手伸出小指，同时向上甩动一下。

信赖
一手捂于耳部，掌心朝耳朵，同时头部微微点一下，表示听信、信任之意。

理解
❶ 一手拇指、食指弯曲，指尖朝内，抵于下颏。
❷ 双手分别五指撮合，指尖朝下，手背相对，向两侧扒动一下。

或

❶ 一手打手指字母"L"的指式。
❷ 伸食指在太阳穴处点两下，表示知道、懂了、了解之意。

国家标准
中国手语
日常会话
速成
修订版

人在职场

职场即江湖，
闯荡靠功夫，
求职应聘有技巧，
工作内容要知晓。
向上、乐观，
快乐工作，
做好自己。

求职应聘

请扫描二维码
观看演示视频

我想应聘会计,这是简历。

我
一手指自己。

想
一手食指置于太阳穴处转动,表现动脑思索的神情。

应聘
双手握拳,上拳打下拳。

会计
一手伸拇指、食指、中指,指尖向下,做打算盘状。

这

一手食指向下指,点两下。

是

一手食指、中指相搭,并点动一下。

简历

❶ 一手拇指、食指相捏,掌心朝上,上下动几下。
❷ 左手拇指、食指成"厂"形;右手伸食指在左手"厂"形内书写"力"字。

1

2

工作经验丰富。

工作

双手握拳,上拳打下拳,即"做"的手势,引申为"工作"。

经验

双手伸食指，指尖朝上，交替在前额上点两下。

或

左手平伸，掌心朝上；右手伸食指、中指在左手掌心研磨。

丰富

❶ 一手食指、中指、无名指与另一手食指搭成"丰"字形。
❷ 双手横伸，掌心向下，拇指贴于胸前，手指微动几下。

公司正在招聘保安。（手语老师）

公司

❶ 双手拇指、食指相搭成"公"字形。
❷ 一手打手指字母"S"的指式。

正

双手五指并拢，掌心相对，放于胸前。

在

一手伸出拇指、小指，坐于另一手掌心上。

招聘

❶ 双手掌心向下，向内挥动两下，如招呼人过来状。
❷ 左手平伸；右手伸拇指，其余四指收拢，置于左手掌心上，双手同时向内移动。

或

❶ 双手放在胸前招手。
❷ 双手握拳，上拳打下拳。

保安

❶ 左手打手指字母"A"的指式，右手五指微曲，右手手掌拍左手手背。
❷ 一手横伸，掌心向下，自胸部向下一按。

词汇拓展训练

手语老师

❶ 双手直立，掌心相对，前后交替移动几下，表示打手语。
❷ 一手伸拇指，贴于胸前。

签劳动合同吗？(试用期、保险)

签
双手伸中指、无名指、小指，拇指和食指相捏，置于胸前，掌心相对，然后交换一下位置，象征着甲乙双方签好名字交换合同。

劳动
双手握拳，先以左拳打右臂，再以右拳打左臂，表示用手劳动之意。

合同
双手伸中指、无名指、小指，指尖朝下，拇指和食指相捏，左右交换位置，向下一点。

或

❶ 双手掌心相对，从两侧向中间合拢。
❷ 右手伸食指、中指，向右划一下，并转为指尖向前。

吗？
一手伸食指书空"？"。

> 词汇拓展训练

试用期

❶ 一手伸食指、中指放于鼻部并微动两下,意为"试试看"。
❷ 向前伸出小臂,五指先张开,然后从前向后微移,并收拢五指,表示从外界得到所需物品,引申为"用""使用"之意。
❸ 双手直立,掌心相对,间距约 20 厘米,表示一段时间。

保险

❶ 左手伸直拇指,其余四指握拳;右手横立,五指微曲,置于左手前,然后双手同时向下一顿。
❷ 一手五指微曲,掌心向内,拍一下胸部。

或

❶ 左手打手指字母"A"的手势,右手五指微曲,右手手掌拍左手手背。
❷ 左手食指横伸,掌心朝内;右手伸拇指、小指,小指立于左手食指上,左右摆动几下。

上班进行时

请扫描二维码
观看演示视频

开车去上班。（下班、加班、请假）

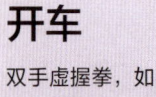

开车
双手虚握拳，如握方向盘，左右转动，模仿操纵方向盘的动作。

去
一手拇指、小指伸直，由内向外移动。

上班
❶ 一手食指向上指。
❷ 双手握拳，上拳打下拳，即"做"的手势，引申为"工作"。

词汇拓展训练

下班
① 一手食指向下指。
② 双手握拳,上拳打下拳,即"做"的手势,引申为"工作"。

加班
① 右手拇指、食指捏成小圆圈,贴在左手掌心上,表示"增加"。
② 双手握拳,上拳打下拳。

请假
① 右手握住左手食指,向前上方移动一下。
② 双手交叉,手背向外,贴于胸部,表示休息之意。

或

① 双手掌心向上,在腰部往一旁移动,表示邀请之意。
② 双手交叉,手背向外,贴于胸部,表示休息之意。

301

我在车间。（公差、值班、辞职、晋升、工程部、接待室、人事部）

我
一手指自己。

在
一手伸出拇指、小指，坐于另一手掌心上。

车间
① 左手横伸；右手侧立，在左手手背上向前划动一下。
② 双手搭成"∧"形（可根据实际表示不同工种的车间）。

或
① 双手握拳，上拳打下拳。
② 双手搭成"∧"形。

词汇拓展训练

公差
① 双手拇指、食指搭成"公"字形。
② 一手伸出拇指、小指，向前移动，表示外出。

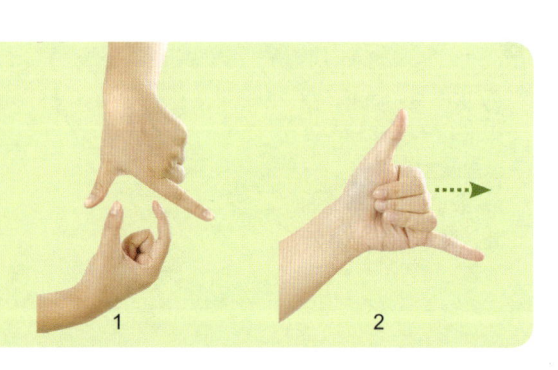

值班

❶ 一手拇指、食指相距约二寸,在另一手臂上横划一下,表示值班的袖章。
❷ 双手握拳,上拳打下拳,即"做"的手势,引申为"工作"。

辞职

❶ 双手握拳,一上一下,右拳向下砸两下左拳。
❷ 左手五指成半圆形,虎口朝上;右手握拳,拳心向前,边移向左手虎口内边垂下,面露厌恶的表情,表示辞职不干,也用于表示员工炒老板鱿鱼的意思。

或

右手拍一下左肩,再像丢东西一样丢下。

晋升

左手五指张开,横立于胸前,掌心朝内;右手拇指、食指相捏,自左手小指指尖依次向上跳动。

工程部

❶ 一手食指、中指与另一手食指搭成"工"字形。
❷ 一手拇指与其余四指相捏,手背向上;另一手打手指字母"B"的指式。

接待室

❶ 双手各伸出拇指、小指，由两旁向中间靠近，象征两个人会见。
❷ 双手食指、中指微曲，指尖相对，移动到中间互触，表示双方相见。
❸ 双手搭成"∧"形。

人事部

❶ 双手食指搭成"人"字形。
❷ 双手十指伸开，掌心相合，一手不动，一手向下搓动，表示一件一件事情的经历。
❸ 一手打手指字母"B"的指式。

复印一份学历证书。（打印、档案、照片）

复印

❶ 左手横伸，掌心朝上，右手五指分开微曲，置于左手手背下面。
❷ 左手不动，右手往下移动，同时五指撮合。

一份

一手伸出食指，其余四指弯曲。

学历

① 双手并拢，十指伸直，掌心向内，置于胸前，如读书状。
② 双手伸拇指、小指，指尖朝上，交替向肩后转动两下。

或

① 双手并拢，十指伸直，掌心向内，置于胸前，如读书状。
② 左手拇指、食指成"厂"形；右手伸食指在左手"厂"形内写"力"字。

证书

① 右手握拳，在左手掌心上做盖章状。
② 双手掌心相合，再打开。

词汇拓展训练

打印
左手平伸，掌心朝上，指尖朝前；右手打手指字母"Y"的指式，掌心朝下，在左手掌心上抹两下。

档案
双手成"U"形，指尖朝上，左手不动，右手一顿一顿地向右移动几下，多用于表示单位存放成列的档案盒。

或

① 一手握拳，拇指搭在中指第二节上，虎口向后上方。
② 左手握成扁圆形，右手四指并拢，插入左手虎口中，模仿将材料放入档案袋中的动作。

照片
① 双手伸拇指、食指，食指弯曲，如持相机状，放于眼前；一手食指按一下，模仿按相机快门的动作。
② 双手拇指、食指搭成方形，并向两旁微移。

请到会议室开会。

请
双手掌心向上,在腰部向一旁移动,表示邀请之意。

到
一手拇指、小指伸直,向前移动,然后一顿,表示"到达"之意。

会议室
❶ 双手伸直,掌心朝外,拇指不动,其余四指弯曲几下。
❷ 双手搭成"∧"形,如屋顶状。

开会
双手伸直,掌心朝外,拇指不动,其余四指弯曲几下。

下周五去做一次市场调查。

下周五
1. 一手伸食指向下指。
2. 左手伸直，指尖向上不动，右手伸五指与左手手掌互碰。

去
一手拇指、小指伸直，由内向外移动。

做
双手握拳，上拳打下拳。

一次
一手伸食指，然后打手指字母"C"的指式。

市场调查
1. 右手打手指字母"SH"的指式，在胸前画一圈。
2. 双手拇指、食指、中指相捏，在胸前交替上下移动。

下班前请交一份总结报告给经理。

下班
① 一手食指向下指。
② 双手握拳，上拳打下拳，即"做"的手势，引申为"工作"。

前
一手伸食指，指尖朝前一指。

或
双手五指并拢微曲，横伸于身前，左手掌心向下，右手掌心向上，往上一提。

请
双手掌心向上，在腰部向一旁移动，表示邀请之意。

交
一手虚握拳，掌心向上，向外伸出的同时张开手掌，好像把物品归还给别人。

一份

一手伸食指，其余四指弯曲。

总结

双手十指张开、微曲，掌心向下，然后边向中间移动边收拢五指，表示"汇总"。

1

2

报告

双手横伸，掌心上下相对，从嘴前向前上方移出。

或

双手横伸，掌心向下，分别置于额头和下颏处，同时往前一顿。

给

一手虚握拳,掌心向上,边向外移动边张开手掌,如给别人东西的动作(可根据实际表示给的动作)。

经理

❶ 双手拇指、食指成圆形,指尖稍分开,虎口向上,平行转动两圈。
❷ 一手伸拇指、食指、中指,食指、中指直立并拢,拇指指尖抵于前额。

或

❶ 双手拇指、食指捏成小圈,交互转圈,表示经济。
❷ 右手拇指、食指伸直分开,成"L"形,食指向上。

国家标准
中国手语
日常会话
速成
修订版

外出旅游

人们爱旅行,
在乎的,
不是目的地和沿途的风景,
而是看风景的心情。
坐汽车,
转飞机,
订酒店,
逛景区,
心情好才是真的好。

旅行计划

请扫描二维码观看演示视频

星期日准备去哪儿玩？（星期一、星期二、星期三、星期四、星期五、星期六）

星期日
左手伸直，指尖向上不动，掌心朝右；右手打数字"7"的指式，与左手掌心互碰。（"星期日"的手语存在地域差异，可根据实际选择使用。）

准备
一手掌心拍打另一手手背。

去
一手拇指、小指伸直，由内向外移动。

哪儿
一手食指指尖向外，做波浪状移动。

玩？

① 双手伸出拇指、小指，交替转动。
② 一手伸食指书空"？"。

词汇拓展训练

星期一
左手伸直，指尖向上不动，掌心朝右；右手伸食指，其余四指握拳，与左手掌心互碰。

星期二
左手伸直，指尖向上不动，掌心朝右；右手伸食指、中指，其余三指握拳，与左手掌心互碰。

星期三
左手伸直，指尖向上不动，掌心朝右；右手伸中指、无名指、小指，其余两食指握住，与左手掌心互碰。

星期四
左手伸直，指尖向上不动，掌心朝右；右手拇指弯曲，其余四指伸直，与左手掌心互碰。

星期五
左手伸直，指尖向上不动，掌心朝右；右手伸五指碰左手掌心。

星期六
左手伸直，指尖向上不动，掌心朝右；右手伸拇指、小指，其余三指弯曲，碰左手掌心。

去故宫。（西湖、天坛、香山、颐和园、天安门、泰山、少林寺）

去
一手拇指、小指伸直，由内向外移动。

故宫
❶ 一手五指微曲，掌心向后，向肩后挥几下。
❷ 双手搭成"∧"形，然后双手分开并伸出拇指、小指，指尖朝上，如屋檐形。

词汇拓展训练

西湖
❶ 右手横立，指尖指向左边。
❷ 左手拇指、食指成一个半圆形，然后右手掌心向下，在圆中做波浪状移动。

天坛
❶ 一手食指指尖朝上，在头上方转一圈。
❷ 双手拇指、食指搭成圆形，从下向上边移动边缩小圆形，如天坛的外观。

香山

① 一手拇指、食指在鼻孔前捻动，然后伸出拇指，表示气味好闻。

② 手背向外，拇指、食指、小指直立，如"山"字形。

颐和园

左手握拳，虎口朝上；右手伸拇指、小指，拇指指尖抵于太阳穴，然后向下移动，手腕碰一下左手，表示颐和园中的铜牛。

或

① 一手打手指字母"Y"的指式。

② 双手掌心相对，从两侧向中间合拢。

③ 一手食指指尖朝下画一个大圈。

天安门

① 一手食指指尖朝上，在头上方转一圈。

② 右手横伸，掌心向下，指尖朝左，在胸前向下一按。

③ 双手十指伸直并拢，掌心向外。

泰山

❶ 一手打手指字母"T"的指式。
❷ 一手手背向外，拇指、食指、小指直立，如"山"字形。

少林寺

❶ 一手拇指弹动食指指尖。
❷ 双手拇指、食指搭成圆形，连续上举两次。
❸ 双手搭成"∧"形。

有人和你一起去吗？

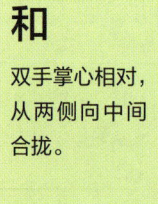

有
一手拇指、食指伸直，掌心向上，拇指不动，食指弯动几下。

人
双手食指搭成"人"字形。

和
双手掌心相对，从两侧向中间合拢。

你
一手食指指向对方。

一起

双手平伸，掌心朝上，分开置于胸前，然后一起往上移动一下。

去

一手拇指、小指伸直，由内向外移动。

吗？

一手伸食指书空"？"。

我们去云南的时候，去民族村看看。

我们

一手食指先指胸部，然后掌心向下，在胸前平行转半圈。

去

一手拇指、小指伸直，由内向外移动。

云南的

❶ 一手五指微曲，掌心向下，在头部上方转一圈，表示天上有云。
❷ 右手伸直，五指并拢，指尖在胸腹部向下指。

时候

一手伸出拇指、食指，拇指指尖抵住另一手掌心，食指向下转动，象征钟表的时针在转动。

去

一手拇指、小指伸直，由内向外移动。

民族村

❶ 双手食指搭成"人"字形并转一圈。
❷ 一手五指指尖向上，先张开后撮合，表示一个组合的单位。
❸ 双手相搭成"∧"形并转一圈。

看看

一手伸食指、中指，从眼部向前微伸一下。

那里有"世界第六大奇迹"——石林。

那里
一手食指向外（方向灵活）指点两下。

有
一手拇指、食指伸直，掌心向上，拇指不动，食指指尖朝前，弯动几下。

世界
左手握拳不动，右手五指张开，微曲，绕左拳转动。

第六
右手打数字"6"的指式，小指碰一下左手拇指。

大
掌心相对，拇指相对，双手同时向两侧移动。

奇迹
一手拇指、食指相捏，先贴于眼角处，然后弹开两指。

石

左手握拳，手背向上；右手食指、中指弯曲，以指背关节在左手手背上敲几下。

林

双手拇指、食指相搭成圆形，连续上举两次，象征众多的树木。

我喜欢收藏旅游纪念品。

我

一手指自己。

喜欢

一手拇指、食指微曲，指尖抵于下颏，头微微点动一下。

收藏

❶ 双手十指伸开，从外向里移动，同时收拢成拳。
❷ 左手掌心向下，五指微曲成半圆形；右手拇指、食指捏成小圆圈，向左手掌心中纳入，象征把钱储藏起来。

旅游

左手横伸，右手伸拇指、小指，在左手手臂上如波浪状向上移动。

纪念品

❶ 一手打手指字母"J"的指式，贴于前额，表示念念不忘。
❷ 双手拇指、食指捏成小圆圈，左手在上、右手在下，左手不动，右手往右移动一下，如"品"字形。

乘坐交通工具

请扫描二维码观看演示视频

这是去县城的车吗?

这
一手食指向下指,点两下。

是
一手食指、中指相搭,并点动一下。

去
一手拇指、小指伸直,由内向外移动。

县
一手打手指字母"X"的指式并转一圈。

城的

双手伸食指,指背向上,指尖相对,向两旁分开的同时勾动食指几下,象征城垛。

车

双手虚握拳,如握方向盘状,左右转动,模仿操纵方向盘的动作。

吗?

一手伸食指书空"?"。

车票多少钱?

车票

① 双手虚握拳,如握方向盘状,左右转动,模仿操纵方向盘的动作。
② 双手拇指、食指指尖相对,向两边微拉,如车票大小。

多少钱?

① 一手五指伸开,手指向上,掌心向内,微微抖动几下。
② 左手拇指、食指捏成小圆圈,右手食指碰两下圆边。
③ 一手伸食指书空"?"。
(也可以将步骤①和②交换顺序。)

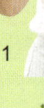

这是长途车。(班车、电车)

这
一手食指向下指,点两下。

是
一手食指、中指相搭,并点动一下。

长途车
① 双手食指相对,从中间向两侧拉开。
② 双手侧立,掌心相对,相距30厘米左右,向前方伸出。
③ 双手虚握拳,如握方向盘状,左右转动,模仿操纵方向盘的动作。

词汇拓展训练

班车
① 右手五指微曲,指尖向上,由胸部往下移一点,同时收拢五指。
② 双手虚握拳,如握方向盘状,左右转动,模仿操纵方向盘的动作。

电车

左手食指、中指横伸在上,指尖向右,掌心向下;右手食指、中指直伸,指尖在下抵住左手两指,向右移动。

请投币。

请
双手掌心向上,在腰部向一旁移动,表示邀请之意。

投
左手拇指、食指成半圆形,虎口向上;右手五指相捏,指尖向下,自上而下,向左手半圆做投物状。

币
左手拇指、食指捏成小圆圈,右手食指碰两下圆边。

请问还有几站?

请
双手掌心向上,在腰部向一旁移动,表示邀请之意。

问
右手食指在嘴前挥动一下。

还有

① 右手握拳，往左甩的同时弹出食指、中指。
② 一手拇指、食指伸直，掌心向上，拇指不动，食指指尖朝前，弯动几下。

几站？

① 同"多少"。一手五指分开，指尖向上，手指微微抖动几下，表示"数量""多少"之意。
② 一手伸食指、中指，指尖伸直，向下抵于另一手掌心上。
③ 一手伸食指书空"？"。

一会儿请提醒我下车好吗？

一会儿

一手拇指捏住食指指尖，小距离左右抖动，表示一点点。

请

双手掌心向上，在腰部向一旁移动，表示邀请之意。

提醒

一手五指撮合，指尖朝前，置于嘴部，边向前移动边张开。

或

① 一手握拳下垂，手臂微曲，向上提起。
② 一手食指指尖抵于太阳穴处，同时头微微抬起。

我

一手指自己。

下车

① 一手伸食指向下指。
② 双手虚握拳，如握方向盘状，左右转动，模仿操纵方向盘的动作。

好吗

① 一手握拳，向上伸出拇指。
② 一手伸食指书空"？"。

你有晕车药吗？

你
一手食指指向对方。

有
一手拇指、食指伸直，掌心向上，拇指不动，食指指尖朝前，弯动几下。

晕
一手食指向上，在额前转两圈，闭眼做头晕状。

车
双手虚握拳，如握方向盘状，左右转动，模仿操纵方向盘的动作。

药
嘴张开，一手拇指、食指捏成小圆圈，从嘴部移向喉部，如吃药片状。

或
右手拇指、食指捏成小圆圈，从嘴边往胸口移动，表示药片吃进去的过程。

吗？
一手伸食指书空"？"。

人在旅途

请扫描二维码
观看演示视频

有去北京的机票吗？（步行、公交车、轮船）

有
一手拇指、食指伸直，掌心向上，拇指不动，食指指尖朝前，弯动几下。

去
一手拇指、小指伸直，由内向外移动。

北京的
右手伸食指、中指，先点左肩一下，再点右肩一下。

机票
❶ 一手伸拇指、食指、小指，掌心向下，向前上方做弧形移动，如飞机起飞状。
❷ 双手拇指、食指指尖相对，向两边微拉，如车票大小。

吗？
一手伸食指书空"？"。

330

词汇拓展训练

步行
一手伸开食指、中指,指尖向下,一前一后交替向前移动。

公交车
一手虚握拳,虎口朝内,举起,前后移动两下,如握公交车上方把手状。

或
① 双手拇指、食指搭成"公"字形。
② 双手虚握拳,如握方向盘状,左右转动,模仿操纵方向盘的动作。

轮船
双手侧立,指尖相抵向前移动,如船向前行驶。

请帮我拨打急救电话。(消防)

请
双手掌心向上,在腰部向旁移,表示邀请之意。

帮我
双手掌心向内,拍动两下,表示给人帮助。

拨打
一手伸拇指、小指,拇指置于耳边,小指置于嘴边,如打电话状。

急救

❶ 双手十指弯曲,指尖抵于胸部,上下迅速地交替动几下,面露焦急的表情。
❷ 左手伸拇指、小指;右手拇指、食指、中指捏住左手拇指指尖,向上一提。

或 ❶ 双手十指弯曲,指尖抵于胸部,上下迅速地交替动几下,表示紧急。
❷ 右手伸拇指、小指横握在左手掌心上,左手朝内向上托起,象征将人救起。

电话

一手伸拇指、小指,拇指置于耳边,小指置于嘴边,如打电话状。

词汇拓展训练

消防

❶ 双手上举,掌心向外,向前扑下,一手手掌压住另一手手背,表示"扑灭""消灭"之意。
❷ 双手十指微曲,指尖向上,双手交替动几下,象征火焰。
(也可以将步骤❶和❷交换顺序。)

我迷路了，请问去公园怎么走？(派出所、教育局)

我
一手指自己。

迷路
① 一手五指微曲，掌心向内，指尖在前额处转一圈，表示头昏。
② 双手侧立，掌心相对，相距尺余，向前方伸出，表示笔直的大路。

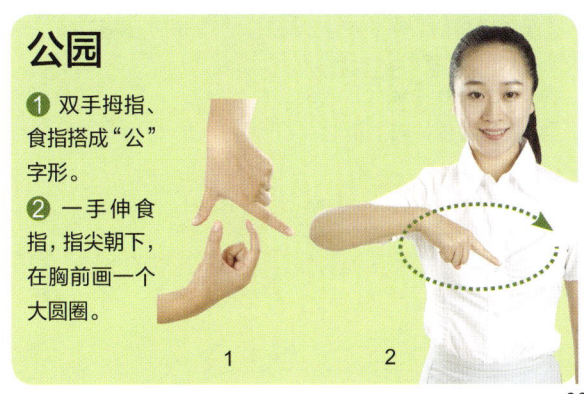

了
一手伸食指书空"了"字。

请问
① 双手掌心向上，在腰部向旁移，表示邀请之意。
② 右手食指在嘴前挥动一下。

去
一手拇指、小指伸直，由内向外移动。

公园
① 双手拇指、食指搭成"公"字形。
② 一手伸食指，指尖朝下，在胸前画一个大圆圈。

怎么

❶ 双手拇指、食指成"Ⅼ⌏"形，置于脸颊两侧，上下交替动两下。
❷ 双手平伸，掌心向上，从中间向两侧微移一下，面露疑问的表情。

走？

❶ 一手伸食指、中指，指尖向下，一前一后交替向前移动。
❷ 一手伸食指书空"？"。

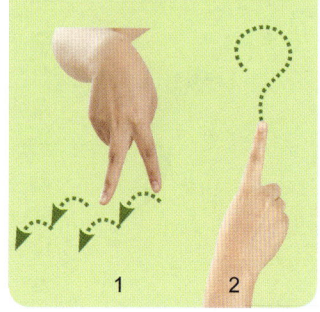

词汇拓展训练

派出所

❶ 右手伸拇指、食指、中指，食指、中指并拢，贴于左上臂，表示警察的臂章。
❷ 双手搭成"∧"形。

或

❶ 双手拇指、食指搭成"公"字形。
❷ 右手横伸，掌心置于胃部，向下一压。
❸ 双手搭成"∧"形。

教育局

① 双手分别五指相捏，指尖相对，微动几下。
② 双手搭成"∧"形。

前面红绿灯处往右200米就到了。

前面

左手直立，掌心向外；右手食指指一下左手掌心，表示物体的正面。

或

一手伸食指，指向正前方。

红

一手打手指字母"H"的指式，并摸摸嘴唇。嘴唇是红色的，以此表示"红"。

绿

左手食指、中指、无名指、小指并拢，指尖朝右上方；右手五指向上捋一下左手四指。

或

一手打手指字母"L"的指式，再打手指字母"U"的指式，手指前后振动两下。

灯处

右手五指撮合,置于头部右侧,指尖向下,然后五指放开,象征灯光。

往右

左手拍一下右臂,表示右。

200

一手伸出食指、中指,其余三指弯曲,往右划。

米

一手打手指字母"M"的指式。

就

一手打手指字母"J"的指式,打另一手掌心。

到了

一手拇指、小指伸直,向前移动,然后一顿,表示"到达"之意。

我们现在在奥运体育场。

我们
一手食指先指胸部,然后掌心向下,在胸前平行转半圈。

现在
一手(或双手)横伸于腰部,掌心向上,上下颠动两下。

在
一手伸出拇指、小指,坐于另一手掌心上。

奥运
双手拇指、食指套环,其他三指弯曲,先做一次套环动作,然后手向下微移,再做一次套环动作,象征奥林匹克的五环标志。

或
双手拇指、食指捏成圆圈,左手不动,右手圆圈先叠在左手圆圈右侧,然后向右移动一次,再在下面移动两次,象征奥林匹克的五环标志。

体育场

① 双手握拳在胸前做扩胸动作。
② 一手伸食指,指尖朝下,在胸前画一个大圆圈。

预计什么时候回到酒店?(车站、机场)

预计

① 双手五指并拢,横伸于身前,左手掌心朝下,右手掌心朝上,往上一提。
② 双手并排,掌心向里,指尖向上分开微动几下。

什么

一手食指直立,掌心向外,左右晃动几下,面露疑问的表情。

或
伸出双手,先掌心向下,然后翻转为掌心向上。

时候

一手伸出拇指、食指,拇指指尖抵住另一手掌心,食指向下转动,象征钟表的时针在转动。

回到

一手伸拇指、小指，由外向内移动，表"返回"。

酒店？

❶ 左手平伸；右手打手指字母"K"的指式，中指置于太阳穴，然后移向左手掌心。
❷ 一手伸食指书空"？"。

或

❶ 一手打手指字母"J"的指式并放在嘴边，做喝酒状。
❷ 双手搭成"∧"形。
❸ 一手伸食指书空"？"。

词汇拓展训练

车站

❶ 双手虚握拳，如握方向盘状，左右转动，模仿操纵方向盘的动作。
❷ 左手横伸，掌心朝上；右手伸食指、中指立于左手掌心，就像一个人站在地上。

机场

❶ 一手伸拇指、食指、小指，掌心向下，向前上方做弧形移动，如飞机起飞状。
❷ 一手掌心朝下，平行画一个大圆圈，表示机场的范围。

入住酒店

请扫描二维码观看演示视频

我想住宿,有单人间吗?(双人间、套间)

我
一手指自己。

想
一手食指置于太阳穴处转动,表现动脑思索的神情。

住宿
① 双手搭成"∧"形。
② 掌心贴于头一侧,头微倾,闭眼,如睡觉状。

有
一手拇指、食指伸直,拇指不动,食指弯动几下。

单人间

❶ 一手食指伸直，在左肩点一下，表示"单个"。
❷ 双手指尖相抵，搭成"∧"形。

吗？

一手伸食指书空"？"。

词汇拓展训练

双人间

❶ 一手食指、中指伸直，互相夹动一下，表示"双数"。
❷ 双手指尖相抵，搭成"∧"形。

套间

❶ 左臂曲肘，指尖指向上方；右手拇指与其余四指成"冂"形，然后套在左手四指上。
❷ 双手搭成"∧"形。

我想预订带浴室的标准间，从今晚起共五天。

我

一手指自己。

想

一手食指置于太阳穴处转动，表现动脑思索的神情。

预订

① 双手分别五指并拢，横伸于身前，左手掌心向下，右手掌心向上，往上一提。
② 左手横伸，掌心向上；右手中指、无名指、小指指尖朝下，在左手掌心上点一下。

带

一手五指张开，指尖朝下，边向上移动边握拳，如拿东西状（可根据实际表示拿的动作）。

或

一手握住另一手的手腕，由一侧向另一侧移动。

浴室的

① 双手十指分开，掌心贴于胸部，左右交替擦动，模仿洗澡的动作。
② 双手指尖相抵，搭成"∧"形。

标准间

① 左手食指伸直，指尖向上，掌心朝外；右手除拇指外的四指并拢横伸，掌心朝内，指一下左手食指。
② 双手搭成"∧"形。

从

双手食指、中指并拢，指尖相抵，搭成"从"字形。

今

双手（或一手）伸掌，掌心向上，横于腰部，上下微动，表示就是现在的意思。

晚

右手拇指与并拢的四指成90度，放在右肩，边做弧形下移边捏合五指，表示天色由明转暗。

起

双手平伸，掌心朝上，分开位于胸前，然后一起往上移动一下。

共

双手十指微曲，掌心相对，由两侧向中间合拢。

五天

① 五指一齐伸出。
② 一手食指指尖朝上，在头侧转一圈。

请先登记。（里面、外面、对面）

请
双手掌心向上，在腰部向旁移，表示邀请之意。

先
右手食指指腹拍打左手拇指指腹。

登记
一手伸中指、无名指、小指，向下立于另一手掌心上。

词汇拓展训练

里面
左手横伸，掌心朝内；右手食指直立，在左手掌心内由上向下移动，表示里面。

外面
左手横伸，掌心朝内；右手伸食指，指尖向下，在左手手背外向下指，表示外面。

对面

❶ 双手伸食指，指尖朝上，相距一定距离，置于胸前。
❷ 一手轻贴一下脸颊部。
（也可以只打步骤❶。）

这是房卡，预交100元押金。

这

一手食指向下指，点两下。

是

一手食指、中指相搭，并点动一下。

房卡

❶ 双手搭成"∧"形，如屋顶状。
❶ 双手拇指、食指相对搭成方形。

预交

① 右手食指指腹拍打左手拇指指腹。
② 双手掌心向上，并在一起，向前伸出，如交出东西。

100

一手伸出食指，从左向右挥动一下。

元

一手拇指、食指捏成一个圆形。

押金

① 左手握拳，在左手掌心上做盖章状。
② 左手拇指、食指捏成小圆圈，右手食指碰两下圆边。

贵重物品请放在前台保管。

贵重

① 一手拇指、食指握成圆形，上下动几下，表示"钱很多"，引申为"贵"。
② 双手微曲，掌心向上，微微向下一顿。

物品

❶ 双手先以食指互碰一下，然后分开并张开五指。
❷ 双手拇指、食指捏成小圆圈，左手在上，右手在下，左手不动，右手往右移动一下，如"品"字形。

请

双手掌心向上，在腰部向旁移，表示邀请之意。

放在

❶ 一手五指微曲，然后向前放开五指。
❷ 伸出拇指、小指，坐于另一手掌心上。

前台

❶ 一手伸食指，指向正前方。
❷ 双手平伸，掌心向下，从中间向两侧平移，再向下折，成"冂"形。

保管

❶ 双手在胸前向外微按两下，表示"保护"。
❷ 一手伸食指、中指，自眼部向外伸出，表示看管。

347

国家标准

中国手语
日常会话
速成

修订版

去医院看病

聋哑人看病时,
你能看懂他打的手语吗?
学一些与看病有关的手语,
可以帮助医生与病人畅快沟通,
早点解除病人病痛,
是多么助人为乐的事情呀!

挂号

请扫描二维码
观看演示视频

挂号处在什么地方？（内科、外科、放射科、儿科、妇科、化验室）

挂号处

❶ 双手都打数字"9"的指式，左手掌心朝上，右手掌心朝前，右手钩住左手。
❷ 一手成"L"形，虎口贴于嘴边。

在

一手伸出拇指、小指，坐于另一手掌心上。

什么

一手食指直立，掌心向外，左右晃动几下，面露疑问的表情。

或

伸出双手，先掌心向下，然后翻转为掌心向上。

地方？

❶ 一手食指向下一指。
❷ 双手拇指、食指拼成方形。
❸ 一手伸食指书空"？"。

词汇拓展训练

内科

❶ 左手横立，掌心向内，右手食指在左手掌心内从上向下移。
❷ 双手（或一手）打手指字母"K"的指式，交替画圈。

外科

❶ 左手横立，掌心向内，右手食指在左手手背外向下移动。
❷ 双手（或一手）打手指字母"K"的指式，交替画圈。

放射科

❶ 双手食指搭成"X"形，在胸前转一圈。
❷ 双手（或一手）打手指字母"K"的指式，交替画圈。

儿科

❶ 一手平伸，掌心向下，在胸前向下微按（根据小孩不同身高决定手的高低）。
❷ 双手（或一手）打手指字母"K"的指式，交替画圈。

妇科

❶ 一手拇指、食指捏耳垂。
❷ 双手打手指字母"K"的指式，交替画圈。

化验室

1. 双手虚握拳，重叠贴于眼部，同时双拳微微转动，模仿化验时以显微镜观察物体的动作。
2. 双手搭成"∧"形。

挂外科普通号。(专家号)

挂

双手都打数字"9"的指式，左手掌心朝上，右手掌心朝前，右手钩住左手。

外科

1. 左手横立，掌心向内，右手食指在左手手背外向下移动。
2. 一手打手指字母"K"的指式，交替画圈。

普通号

1. 双手横伸，掌心朝下，右手掌心置于左手手背，往外划动两下。
2. 一手成"L"形，虎口贴于嘴边。

353

词汇拓展训练

专家号

❶ 一手五指微曲，搭在另一手伸直的食指根部，向外移动的同时收拢五指。
❷ 双手搭成"∧"形，即"家"的手势。
❸ 一手成"L"形，虎口贴于嘴边。

带医疗保障卡了吗？

带

一手五指张开，指尖朝下，边向上移动边握拳，如拿东西状（可根据实际表示拿的动作）。

或

一手握住另一手腕，由一侧向另一侧移动。

354

医疗

① 一手拇指、食指比成"十"字形,置于前额。
② 一手食指、中指、无名指、小指微曲,按于另一手脉门处,如中医搭脉状,双手同时向前移动两下。

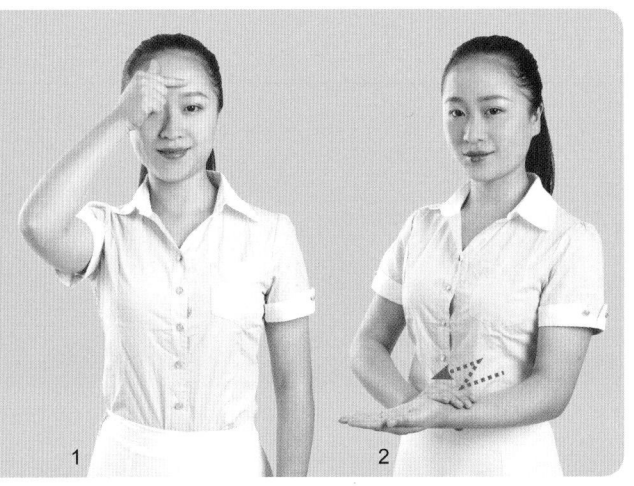

保障卡

① 左手伸出拇指,其余四指握拳;右手拇指伸直,其余四指微曲,绕左手半圈。
② 双手拇指、食指搭成方形,向两旁微移。

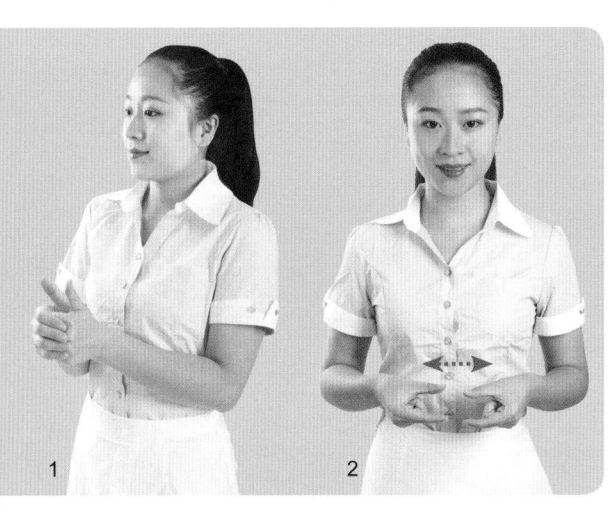

了吗?

一手伸食指书空"?"。

就诊

请扫描二维码观看演示视频

先测体温。(体重、血压、血型、脉搏、尿检)

先 右手食指指腹拍打左手拇指指腹。

测 左手伸食指不动，掌心向下；右手伸拇指、小指，掌心向上，置于左手手背，拇指、小指勾动几下。

体温
① 双手掌心向内，贴于胸部，向下微移，象征身体。
② 双手微曲，掌心向上，由腹部慢慢地移到胸部。

词汇拓展训练

体重

① 双手掌心向内，贴于胸部，向下微移，象征身体。
② 双手微曲，掌心向上，同时朝下一顿。

血压

① 右手伸食指，在左臂处向下划动两下。
② 右手五指捏两下左上臂。

或

① 右手打手指字母"H"的指式，贴在唇上，表示红色。
② 右手四指抵在左手手背上，沿指尖方向下移，象征血液向下流。
③ 一手横伸，掌心向下，自胸部向下一按。

血型

① 右手伸食指，在左臂处向下划动两下。
② 一手打手指字母"A""B""O"的指式（可根据实际血型选择）。

或
① 一手打手指字母"H"的指式,贴在唇上,表示红色。
② 右手四指抵在左手手背上,沿指尖方向下移,象征血液向下流。
③ 双手五指微曲,指尖相对,交替转动,表示形状。

脉搏
右手食指、中指、无名指、小指微曲,按在左手脉门处,右手同时上下微动几下。

尿检
① 右手做"WC"的手势。
② 双手虚握拳,重叠贴于眼部,同时双拳微微转动,模仿化验时以显微镜观察物体的动作。

哪里不舒服?(脸、眼、耳、鼻、口、舌、牙齿、手、腰、腹)

哪里
一手食指直立,掌心向外,左右晃动几下,面露疑问的表情。

或
一手食指指尖向外,做波浪状移动。

358

不舒服？

❶ 一手五指分开、伸直，左右摆动几下。
❷ 一手打手指字母"SH"的指式，贴于胸部轻轻转动一圈，同时面露难受的表情。
❸ 一手伸食指书空"？"。

词汇拓展训练

脸
一手五指并拢（或伸食指），轻贴一下面颊。

眼
一手食指指眼部。

耳
一手食指指耳朵。

鼻
一手食指指鼻子。

口
一手食指指口部或沿口部转一圈。

舌
舌头伸出口外，一手食指指一下舌头。

牙齿
嘴张开，一手食指一下牙齿。

手
左手横伸，掌心向下；右手掌心拍一下左手手背。

或 一手食指指另一手手背。

腰
一手食指一下腰部。

腹
一手捂于腹部。

或 一手食指在腹部划一圈。

化验室在二楼。(B超、CT、X光、药房)

化验室
① 双手虚握拳，重叠贴于眼部，同时双拳微微转动，模仿化验时以显微镜观察物体的动作。
② 双手搭成"∧"形。

1　　2

在
一手伸出拇指、小指，坐于另一手掌心上。

二楼
左手直立，指尖朝上，掌心朝右；右手打数字"2"的指式，掌心朝下，在左手掌心碰两下。

词汇拓展训练

B超
❶ 一手打手指字母"B"的指式。
❷ 一手五指成"U"形，指尖朝内，在腹部随意移动几下，模仿做B超检查（可根据实际表示B超检查的部位）。

或
❶ 一手打手指字母"B"的指式。
❷ 双手食指向前伸直，一手不动，一手向前移。

CT
❶ 右手打手指字母"C"的指式。
❷ 双手食指搭成"T"形。

或
右手打手指字母"C"的指式，再打手指字母"T"的指式。

X光

① 右手打手指字母"X"的指式。
② 右手五指撮合，置于头右侧，指尖向下，然后五指放开，象征灯光。

药房

① 嘴张开，一手拇指、食指捏成小圆圈，从嘴部移向喉部，如吃药片状。
② 双手搭成"∧"形。

或 ① 右手拇指、食指捏成小圆圈，从嘴边往胸口移动，象征药片吃进去的过程。
② 双手搭成"∧"形。

有事找护士。(医生)

有事

① 一手拇指、食指伸直，掌心向上，拇指不动，食指弯动几下。
② 食指、中指相搭，即"十"。"十"与"事"谐音，此处借用。

找

双手伸食指、中指分开，指尖向下，交替转动，头微低，眼睛注视手的动作（可根据实际表示找的动作）。

或

一手食指、中指伸出，在面前转动，并由一侧移向另一侧，目光随之移动。

护士

右手拇指、食指比成"十"字形，置于左上臂外侧。

或

❶ 一手拇指、食指比成"十"字形，置于前额。
❷ 一手拇指、食指捏耳垂。

词汇拓展训练

医生

❶ 一手拇指、食指比成"十"字形，置于前额。
❷ 右手伸拇指贴于胸前。
（也可以只打步骤❶。）

我头疼。（牙疼、头晕、失眠、咳嗽、呕吐、气喘、腹泻、过敏、怀孕、中暑、贫血）

我
一手指自己。

头疼
一手拇指、食指、中指抵于前额，做难受的表情。

词汇拓展训练

牙疼
① 嘴张开，一手食指指牙齿。
② 一手拇指、食指、中指抵于前额，做难受的表情。

头晕
一手食指向上在额前转两圈，闭眼做头晕状。

失眠
① 一手掌心贴于脸部，头微侧，闭眼，如睡觉状。
② 右手伸小指，指尖朝左，向下甩一下。

或
一手拇指、食指相捏，置于眼部开合几下，如眼睛时开时闭状，表示不能入睡。

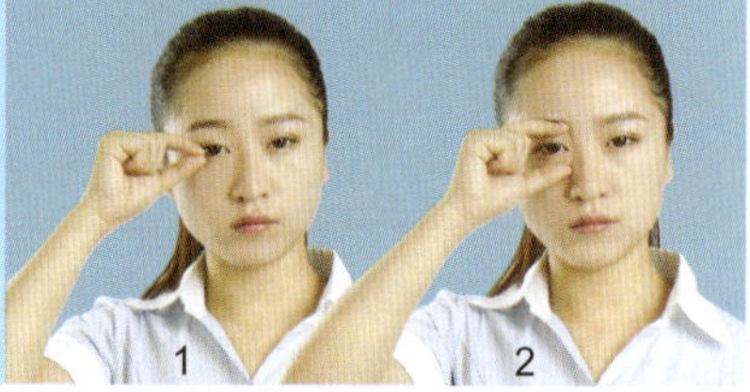

咳嗽

一手食指指喉部，嘴微张，头部点动几下，做咳嗽状。

呕吐

右手掌心向上，自胸部上移至嘴边再向外翻，身微微前倾，做呕吐状。

气喘

右手打手指字母"Q"的指式并置于鼻前，手部配合上下移动，做呼吸困难状。

腹泻

❶ 一手捂在腹部，面露不舒服的表情。
❷ 左手拇指、小指伸出置于右手手背上；右手五指朝下，连续做撮合、张开的动作。

过敏

❶ 右手食指在左腕处扎一下，模仿打皮试针。
❷ 右手五指撮合，指尖朝下置于针眼处，然后微张开，表示有过敏红肿反应。

怀孕

一手五指微曲，手背向外，在腹部做弧形移动，象征孕妇隆起的腹部。

中暑

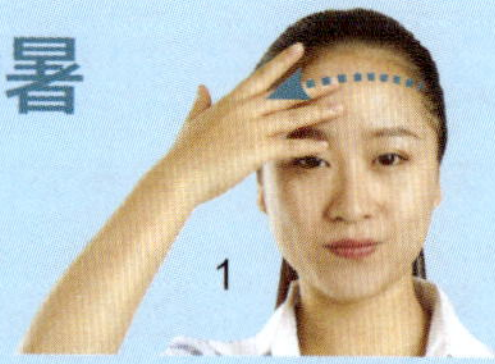

一手五指张开，在额头上一抹，然后五指微曲，指尖朝内，在前额转动两下，闭眼。

或

① 左手拇指、食指捏成小圆，与右手食指搭成"中"字形。
② 右手打手指字母"SH"的指式。
③ 一手伸拇指、小指，先直立在另一手掌心上，然后向一侧倒下。

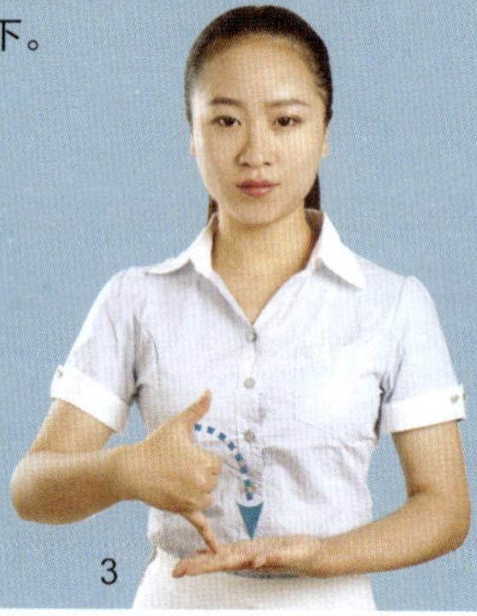

贫血

① 双手横伸，掌心向上，手腕交叉相搭，然后上下颠动几下。
② 右手伸食指，指尖朝下，在左臂处向下划动两下。

或

① 双手横伸,掌心向上,手腕交叉相搭,然后上下颠动几下。

② 一手打手指字母"H"的指式,贴在唇上,表示红色。

③ 右手四指抵在左手手背上,沿指尖方向向下划,象征血液向下流。

你需要输液。(打针、手术、中药、西药)

你

一手食指指向对方。

需要

一手平伸,掌心向上,指尖向前,从前向后微拉。

输液

左手横伸,掌心向下;右手伸食指,在左手手背处向下点动几下(可根据实际表示输液的方式)。

或

左手握拳,右手伸食指,掌心向上,往左手手背插一下,表示插针。

词汇拓展训练

打针
右手拇指、食指、中指做拿针状，往左手手臂一插，如打针动作。

手术
左手伸拇指、小指，指尖朝上；右手食指、中指并拢，指尖朝下，在左手上划动两下。

或
① 一手掌心拍另一手手背，掌心朝下。
② 左手横伸，掌心朝下，右手打"SH"的指式，在左手小指边上划动两下，如开刀动作。

中药
① 左手拇指、食指捏成小圆圈，与右手食指搭成"中"字形。
② 右手拇指、食指捏成小圆圈，从嘴边往胸口移动，象征药片吃进去的过程。

西药
① 左手拇指、食指成"匚"形；右手食指、中指直立分开，贴于左手拇指，仿"西"字的部分字形。
② 嘴张开，一手拇指、食指捏成小圆圈，从嘴部移向喉部。

或

① 右手横立，指尖朝左。
② 右手拇指、食指捏成小圆圈，从嘴边往胸口移动，象征药片吃进去的过程。

请三天后来复查，你很快会康复的。

请

双手掌心向上，在腰部向旁移，表示邀请之意。

三天后

① 一手伸中指、无名指、小指，拇指、食指弯曲。
② 一手拇指、食指成半圆形，从一边向另一边做半弧形移动，象征从日出到日落，即一天的时间。
③ 一手五指微曲，自腰部向身后扇动几下，表示以后的某天但不能肯定哪天，引申为"以后"的意思。

来

一手掌心向下,由外向内挥动。

复查

❶ 左手横伸,掌心向上;右手五指并拢伸直,先侧立于左手掌心,然后向右翻一下。
❷ 双手拇指、食指、中指相捏,在胸前交替上下移动,模拟查看物件的样子。

你

一手食指指向对方。

很快

❶ 一手横伸,食指伸直,拇指指尖抵于食指根部,向下一沉。
❷ 一手拇指、食指相捏,从一侧向另一侧做快速挥动,象征物体运动速度很快。

会

右手掌心贴于额边,然后往前甩一下。

康复的

双手贴于胸前,向下微移,再伸出拇指。

这是你的药方。

这

一手食指向下指,点两下。

是

一手食指、中指相搭,并点动一下。

你的

一手食指指向对方。

药方

① 右手拇指、食指捏成小圆圈,从嘴边往胸口移动,象征药片吃进去的过程。
② 双手拇指、食指搭成方形。

先交费,后取药。(药棉、纱布、口罩、碘酒)

先
右手食指指腹拍打左手拇指指腹。

交费
① 双手掌心向上并在一起,向前伸出,如交出物件。
② 左手拇指、食指捏成小圆圈,右手食指碰两下圆边。

后
一手五指微曲,自腰部向身后扇动几下,表示以后的某天但不能肯定哪天,引申为"以后"的意思。

取药
① 一手向旁边微抓,如拿物状。
② 右手拇指、食指捏成小圆圈,从嘴边往胸口移动,象征药片吃进去的过程。

词汇拓展训练

药棉

❶ 一手拇指、食指比成"十"字形,置于前额。
❷ 一手五指成"冂"形,虎口向内,轻微捏动几下。

或

❶ 右手拇指、食指捏成小圆圈,从嘴边往胸口移动,象征药片吃进去的过程。
❷ 一手五指并拢成"冂"形,虎口向内,轻微捏合几下。

纱布

❶ 双手十指分开并交叉相叠,向两边拉开,象征纱布的网眼。
❷ 一手拇指、食指捏合,揪一下上衣。

口罩

双手伸拇指、食指,指尖相对,贴于鼻上嘴下,向两旁拉开,如戴口罩状。

碘酒

① 一手打手指字母"H"的指式,摸一下脸颊。
② 左手横伸,掌心向下;右手拇指、食指、中指相捏,指尖朝下,在左手手背上擦几下,如抹碘酒状。

或

① 右手打手指字母"D"的指式。
② 右手打手指字母"J"的指式并放在嘴边,做喝酒状。
③ 左手横伸,掌心向下;右手拇指、食指、中指相捏,指尖朝下,在左手手背上擦几下,如抹碘酒状。

你脸肿了,需要继续住院治疗。

你
一手食指指向对方。

脸
一手五指并拢(或伸食指),轻贴一下面颊。

肿了
双手十指微曲,指尖抵于面颊,缓缓向外移,同时两腮鼓起,象征脸部肿胀。

需要
手掌平伸,掌心向上,从前向后微拉。

继续
双手食指指尖相对,同时向下移动。

住

❶ 双手搭成"∧"形。
❷ 掌心贴于头一侧，头微倾，闭眼，如睡觉状。

院

❶ 一手拇指、食指比成"十"字形，置于前额。
❷ 双手搭成"∧"形。

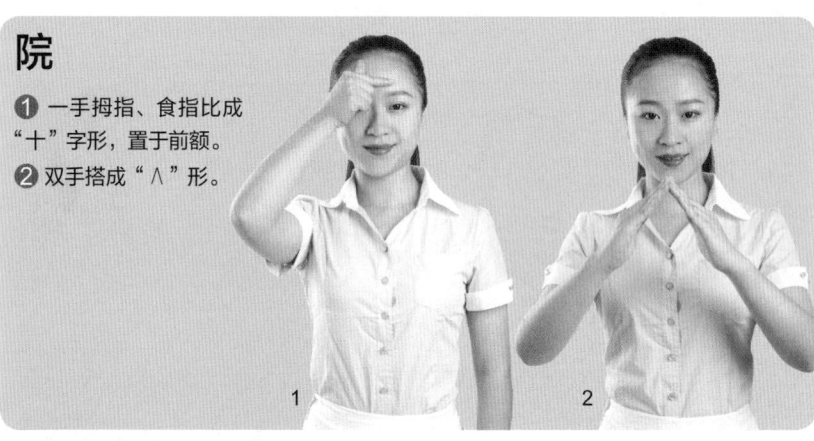

治疗

❶ 一手伸食指、中指，弯曲放在眼前。
❷ 一手食指、中指、无名指、小指微曲，按于另一手脉门处，如中医搭脉状。
（也可以只打步骤❷。）

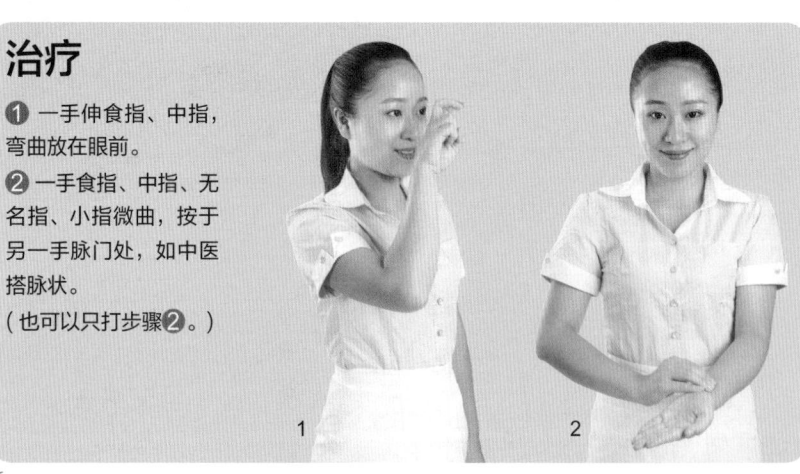

趣味手语

目录

特种部队手语大揭密　　　　　　　3

手语游戏：幸福的宝贝　　　　　　6

手语游戏：山上有个木头人　　　　10

手语歌：我很幸福　　　　　　　　14

手语歌：感恩的心　　　　　　　　23

手语歌：国家　　　　　　　　　　26

特种部队手语大揭密

成人
手臂向身旁伸出，手抬起到胳膊的高度，掌心向下。

小孩
手臂向身旁伸出，手肘弯曲，掌心向下，固定放在腰间。

女性
掌心向着自己的胸部，手指分开呈碗状。

嫌疑犯
一手像手铐一样扣着另一手手腕。

人质
用手卡住自己的脖子，寓意是被劫持的人质。

指挥官
食指、中指、无名指并排伸直，横放在另一手臂上。

手枪	自动武器	霰弹枪
伸直拇指和食指，成90度角。	手指弯曲成抓状，在胸前上下扫动，像弹奏吉它一样。	发信号者是手持霰弹枪的队员，只需用食指指自己的武器便可。
门口	窗户	听到
用食指由下向上、向左（或右）再向下，画一个开口方形，代表门口。	用食指由下向上、向左（或右）、向下再向右（或左）画一个闭合方形，代表窗户。	举起手臂，拇指张开，其余四指并拢，拇指和食指触及耳朵。
那里	掩护我	催泪弹
伸开手臂，用食指指向目标。	把手举到头上，弯曲手肘，掌心盖住头顶。	手指分开呈碗状，罩住鼻子和嘴巴。

集合
食指向上竖起，其余四指做握拳状，高举过头顶，缓慢地做圆圈运动。

推进
微曲手肘，手指紧闭，手指指向地上，从身后向前方摆动。

明白
一手举到面额高度并做握拳动作，掌心向着发指令者。

赶快
一手握拳，曲手肘，举起手臂做上下运动。

看见
手指并拢，掌心向下，水平放置在前额上。

检查弹药
手执一个弹夹，举到头顶高度，缓慢地左右摆动。

靠拢
伸开手臂，手指并拢，然后向身躯的方向摆动。

指令已收到
同"OK"的手势。

手语游戏

幸福的宝贝

亲亲宝宝,亲亲贝贝,亲宝亲贝,亲宝贝。
多多幸幸,多多福福,多幸多福,多幸福。

亲 **亲** **宝宝**

双手横立于胸前,掌心向内,一前一后,后掌向前靠,表示亲近之意。

双手掌心向内,一上一下,虚置于胸前,如抱婴儿状。

亲 **亲** **贝** **贝**

双手横立于胸前,掌心向内,一前一后,后掌向前靠,表示亲近之意。

左手伸出拇指,手背向外;右手轻拍几下左手手背。

亲

双手横立于胸前,掌心向内,一前一后,后掌向前靠,表示亲近之意。

宝

双手掌心向内,一上一下,虚置于胸前,如抱婴儿状。

亲

双手横立于胸前,掌心向内,一前一后,后掌向前靠,表示亲近之意。

贝

左手伸出拇指,手背向外;右手轻拍几下左手手背。

亲

双手横立于胸前,掌心向内,一前一后,后掌向前靠,表示亲近之意。

宝

双手掌心向内,一上一下,虚置于胸前,如抱婴儿状。

贝

左手伸出拇指,手背向外;右手轻拍几下左手手背。

多

一手五指伸开、微曲，微微抖动几下。

多

一手五指伸开、微曲，微微抖动几下。

幸

一手打手指字母"X"的指式。

幸

一手打手指字母"X"的指式。

多

一手五指伸开、微曲，微微抖动几下。

多

一手五指伸开、微曲，微微抖动几下。

福

一手捂在胸部，转动几圈，表示心情舒畅、生活幸福。

福

一手捂在胸部，转动几圈，表示心情舒畅、生活幸福。

多

一手五指伸开、微曲，微微抖动几下。

幸

一手打手指字母"X"的指式。

多

一手五指伸开、微曲，微微抖动几下。

福

一手捂在胸部，转动几圈，表示心情舒畅、生活幸福。

多

一手五指伸开、微曲，微微抖动几下。

幸福

一手打手指字母"X"的指式，并在胸前绕一圈。

手语游戏

山上有个木头人

山，山，山，山上有个木头人，
三，三，三，三个好玩的木头人，
不许说话不许动。

山　　山　　山　　山

一手拇指、食指、小指伸出，掌心向内，模仿"山"字形。

上　　　　有　　　　个

一手伸食指向上指。

一手拇指、食指伸直，拇指不动，食指弯动几下。

左手拇指、食指与右手食指搭成"个"字形。

木	头	人
双手拇指、食指搭成圆形，向上移动，象征树干。	一手食指指头部。	双手食指搭成"人"字形。

三	三	三
一手伸中指、无名指、小指，拇指、食指弯曲。		

三	个	好
一手伸中指、无名指、小指，拇指、食指弯曲。	左手拇指、食指与右手食指搭成"个"字形。	一手握拳，向上伸出拇指。

玩
双手伸拇指、小指,交替转动。

的
一手打手指字母"D"的指式。

木
双手拇指、食指搭成圆形,向上移动,象征树干。

头
一手食指指头部。

人
双手食指搭成"人"字形。

不许
① 一手伸直,五指分开,左右摆动几下。
② 一手依次打手指字母"X""U"的指式。

说话
一手伸食指在嘴前转动几下,表示说话。

不许

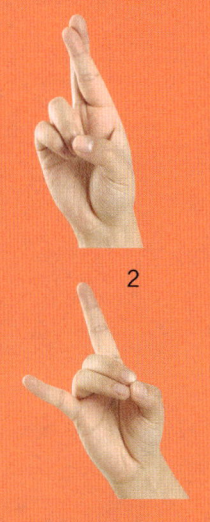

① 一手伸直，五指分开，左右摆动几下。
② 一手依次打手指字母"X""U"的指式。

动

双手握拳曲肘，交替转动几下。

手语歌

我很幸福

我的双手能触碰这世界，我的双脚能让我往前追，
我的眼睛看见了缤纷的色彩，我能听得到不同的音乐；
我的朋友和我一起成长；我的家人苦乐都与我分享；
我的老师指引我生命的方向；我有未来实现心中的梦想！
我幸福！很幸福！

我
一手食指指自己。

的
一手打手指字母"D"的指式。

双
一手食指、中指伸直，夹动一下，表示"双数"。

手
左手横伸，掌心向下；右手手掌拍一下左手手背。

能
一手五指伸直，指尖向上，拇指不动，其余四指弯动几下。

触碰
双手食指微曲，指尖相对，从两旁向中间互触。

这世界
左手握拳不动,右手五指张开,微曲,绕左拳转动。

我
一手食指指自己。

的
一手打手指字母"D"的指式。

双
一手食指、中指伸直,夹动一下,表示"双数"。

脚
左手平伸,手背向上,五指并拢;右手掌心在左手手背上从前向后摸一下。

能
一手五指伸直,指尖向上,拇指不动,其余四指弯动几下。

让我
一手食指指自己。

往前
一手伸食指,指向正前方。

追
双手伸食指,指尖朝前,左手在前不动,右手由后往前移动。

我
一手食指指自己。

的
一手打手指字母"D"的指式。

眼睛
一手食指指眼部。

看见
一手伸食指、中指,从眼部向前微伸一下。

了
一手食指在空中写"了"字。

缤纷
一手五指伸开、微曲,微微抖动几下(同"多"的手势)。

的
一手打手指字母"D"的指式。

色彩
一手四指紧贴嘴唇,指尖轻动几下。

我
一手食指指自己。

能
一手五指伸直，指尖向上，拇指不动，其余四指弯动几下。

听
一手贴于耳部，表示在听。

得到
一手向下微抓，如拿物状，然后向上提起。

不
一手伸直，五指分开，左右摆动几下。

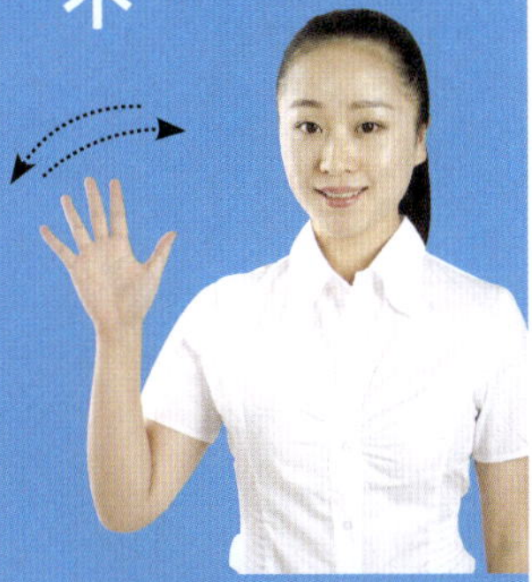

同
双手掌心相对，从两侧向中间合拢。

的
一手打手指字母"D"的指式。

音乐
一手食指指尖抵在喉部，嘴微张，头向两侧微摆，模仿唱歌状。

17

我	的	朋友
一手食指指自己。	一手打手指字母"D"的指式。	双手伸拇指互碰几下,表示友谊。

和	我	一起
双手掌心相对,从两侧向中间合拢。	一手食指指自己。	一手伸出食指、中指,左右平行来回移动一下。

成长	我	的
一手掌心向下,往上缓缓移动,表示长大。	一手食指指自己。	一手打手指字母"D"的指式。

家
双手搭成"∧"形,如屋顶状。

人
双手食指搭成"人"字形。

苦
一手拇指、食指握成小圆圈,放于嘴边,脸露苦状。

乐
双手掌心向上,在胸前上下扇动,脸露笑容。

都
双手十指微曲,自上向下做弧形移动,双手分开的同时翻掌,表示"全部""完全"。

与
双手掌心相对,从两侧向中间合拢。

我
一手食指指自己。

分享
一手打手指字母"F"的指式,在另一手拇指、食指捏成的小圆圈上点一下。

19

我
一手食指指自己。

的
一手打手指字母"D"的指式。

老师
① 双手分别五指撮合,指尖相对,在胸前摇动几下,意即"传授"。
② 一手伸拇指贴于胸前。

指引
① 一手食指弯曲,指尖朝上,由外向内拉动。
② 左手伸拇指;右手伸食指,在左手拇指后边左右微动几下。

我
一手食指指自己。

生命
① 一手打手指字母"SH"的指式。
② 一手按在胸前靠左的位置,以心脏象征生命。

的
一手打手指字母"D"的指式。

方向

1. 双手伸拇指、食指搭成方形。
2. 一手侧立向前伸掌,以示方向。

我

一手食指指自己。

有

一手拇指、食指伸直,拇指不动,食指指尖朝前,放在胸前,弯动几下。

未来

1. 一手伸出,打手指字母"J"的指式。
2. 右手伸掌直立,掌心向左,从右肩部做弧形下移至左胸下,转为掌心向下。

实现

双手分别五指撮合,拇指在下,其余手指微曲在上,向下挥动,同时放开手指。

心中

双手搭成心形,贴于左胸部。

的

一手打手指字母"D"的指式。

梦想

一手伸直拇指、小指,小指靠近太阳穴,从太阳穴处斜着向上旋转上升,表示"做梦""梦想"之意。

我

一手食指指自己。

幸福

一手打手指字母"X"的指式,并贴于胸部绕一圈。

很

手臂横伸于胸前,一手食指伸直,拇指指尖抵于食指根部,向下一沉。

幸福

一手打手指字母"X"的指式,并贴于胸部绕一圈。

手语歌

感恩的心

感恩的心,感谢有你,
伴我一生,让我有勇气做我自己。

感恩

① 右手手掌贴于左胸前。
② 双手伸拇指、小指,指尖相对,贴近胸部,右手移向左手,表示对人一片真心。

的

一手打手指字母"D"的指式。

心

双手搭成心形,贴于左胸部。

感谢

一手伸出拇指,弯曲两下,表示向人感谢。

有

一手拇指、食指伸直，拇指不动，食指指尖朝前，放在胸前，弯动几下。

你

一手食指指向对方。

伴

双手食指向上伸直，一左一右，同时向前移动，如一个人陪着另一个人。

我

一手食指指自己。

一

一手伸食指，其余四指弯曲。

生

一手连续打出手指字母"SH"和"NG"的指式。

让我
一手食指指自己。

有
一手拇指、食指伸直,拇指不动,食指指尖朝前,放在胸前,弯动几下。

勇气
双手拇指、食指在胸前搭成圆形,然后向两侧拉开,表示"大胆"。

做
双手握拳,上拳打下拳。

我
一手食指指自己。

自己
一手伸食指,指尖向上,贴于胸前。

手语歌

国家

一玉口中国，一瓦顶成家，
都说国很大，其实一个家，
一心装满国，一手撑起家，
家是最小国，国是千万家。

一玉

一手伸食指，其余四指弯曲。

口中国

一手伸食指，自喉部向下顺着肩、胸部至右腰部画一条线（这是中国旗袍的前襟线，以此表示中国）。

一

一手伸食指，其余四指弯曲。

瓦

双手微弯，上下交叠，下面一手不动，上面一手斜着向上一顿一顿移开，如层层屋瓦。

顶成

左手平伸,掌心向下,右手伸拇指顶在左手掌心上。

家

双手搭成"∧"形,如屋顶状。

都

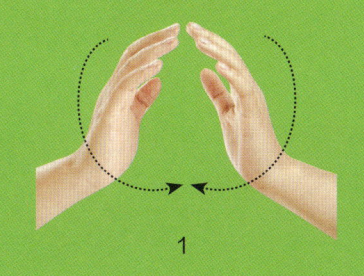

双手十指微曲,指尖左右相对,然后向下做弧形移动,手腕靠拢。

说

一手伸食指在嘴前转动几下,表示说话。

国

一手打手指字母"G"的指式,并转一圈。

很大

❶ 一手横伸,食指伸直,拇指指尖抵于食指根部,向下一沉。
❷ 双手掌心相对,同时向两侧挥动。

其实

❶ 一手打手指字母"Q"的指式。
❷ 一手食指、中指相叠,弹打另一手食指。

一个家

❶ 一手伸食指,其余四指弯曲。
❷ 左手拇指、食指与右手食指搭成"个"字形。
❸ 双手搭成"∧"形,如屋顶状。

一
一手伸食指,其余四指弯曲。

心
双手搭成心形,贴于左胸部。

装
双手分别五指撮合,指尖相对,然后互碰几下,模拟组装动作。

满
一手五指并拢,掌心向下,自下向上移到喉部,表示吃饱了。

国
一手打手指字母"G"的指式,并转一圈。

一
一手伸食指,其余四指弯曲。

手
一手拍另一手手背。

撑起
双手掌心向下，屈肘，自胸前往下一按，上身随之上抬，模仿俯卧撑的动作。

家
双手搭成"∧"形，如屋顶状。

家
双手搭成"∧"形，如屋顶状。

是
一手食指、中指相搭，并点动一下。

最
一手横伸，食指伸直，拇指指尖抵于食指根部，向下一沉。

小
一手拇指捏小指指尖。

国
一手打手指字母"G"的指式,并转一圈。

国
一手打手指字母"G"的指式,并转一圈。

是
一手食指、中指相搭,并点动一下。

千
一手伸食指书空"千"字。

万
一手伸食指书空"万"字的最后一笔(即省略"万"字笔画)。

家
双手搭成"∧"形,如屋顶状。

趣味手语

在这无声的世界，
让我们用真心叩响无声世界的门，
走进他们的心房，
让幸福与快乐齐飞，
梦想与翅膀和他们同在。

上架建议：社科/语言文字/手语
ISBN 978-7-121-46319-8

定价：88.00 元

责任编辑：于兰
封面设计：逗号张文化